Sagen und Legenden aus dem Land um Regensburg

Herausgegeben von
Gustl Motyka

Buchverlag der Mittelbayerischen Zeitung Regensburg

Sagen und Legenden aus dem Land um Regensburg
Herausgegeben von Gustl Motyka

© Mittelbayerische Druckerei- und Verlags-Gesellschaft mbH Regensburg 1989
3. Auflage 1992

ISBN 3-921114-93-4

Herstellung: MZ-DRUCK Regensburg
Titelgestaltung: Peter Loeffler

Vorwort des Herausgebers

In den letzten Jahren sind einige Oberpfälzer Sagensammlungen verfaßt worden, die aber den Raum des Regensburger Umlandes nur wenig berühren. Schon lange Zeit sammle ich Sagen und Legenden aus dem Landkreis Regensburg. Zahlreiche Personen haben mir von Verwandten und Freunden überlieferte Sagen erzählt, und ich habe diese dann aufgeschrieben. Vor allem blieb mein Aufruf an alle Lehrer unseres Landkreises nicht unverhallt, und viele Legenden und Sagen wurden mir von ihnen mitgeteilt. Ich habe sie meistens unverändert gelassen und wörtlich übernommen. Unter jeder Sage steht an erster Stelle der Verfasser (siehe Anhang) und danach die Personen, die mir die Sagen und Legenden übermittelt oder nacherzählt haben.

Eine Sage ist ein vom Volk überlieferter Bericht, der sich an ein sonderbares Ereignis hält und dessen Urheber meistens unbekannt ist. Fragt man nach der Wurzel der Sage, so liegt sie im Volksglauben und im Trieb, Rätselhaftes und Auffälliges erklären zu wollen.

Man unterscheidet mehrere Sagentypen, so zum Beispiel die Natursagen. Sie gehen von landschaftlichen Gegebenheiten aus, wie Felsen, Sumpf, Wasser und Gebirge oder haben meteorologische Ereignisse, wie Blitz, Donner, Sturm als Grundlage; auch die Sagen von Irrlichtern und der wilden Jagd gehören zu ihnen. Die Teufelssagen weisen auf die Zeit der Anfänge des Christentums hin und tragen oft noch vorchristliche Züge. Eine weitere Gruppe sind die Sagen mit geschichtlichem Hintergrund. Hier stehen Personen oder Gebäude, wie Burgen und Schlösser, im Mittelpunkt. Auch Ortssagen spielen eine große Rolle in meiner Sammlung; man könnte sie manchmal zu den geschichtlichen Sagen zählen. Eine weitere Unterteilung sind die Zauber- und Schatzsagen, in denen Schätze von Hunden, Drachen oder Schlangen bewacht werden.

Die Sage hat keine künstlerische Absicht, und ein „Ausmalen der Bilder" kennt sie im Gegensatz zum Märchen nicht. Im Mittelpunkt einer jeden Sage steht das Erlebnis.

Die Legende dagegen handelt von einem Heiligen; sie ist aus der Volksfrömmigkeit entstanden.

Ich glaube, daß es notwendig war, diese Sagen und Legenden des Landkreises Regensburg aufzuschreiben, damit sie nicht in Vergessenheit geraten, sondern weitererzählt werden. Den Schulen aber soll diese Sammlung als ein Angebot für den Heimatkundeunterricht dienen.

Gustl Motyka

„An alter Geschichte aus der Heimat sich erfreuen"

Dieses Buch „Sagen und Legenden aus dem Landkreis Regensburg" von Gustl Motyka darf sicher demjenigen, der sich für heimatkundliche Geschichten interessiert, nicht im Bücherregal fehlen. Die eine oder andere Erzählung ist vielleicht schon vom Hörensagen bekannt und man wird sich freuen, sie in einem Band gesammelt wiederzufinden.

Ich danke dem Kreisheimatpfleger Motyka, der sich viele Jahre der Mühe unterzogen hat, die „Sagen und Legenden aus dem Landkreis Regensburg" zusammenzutragen. Dieses Buch läßt sie nicht in Vergessenheit geraten, auch wenn sie in der heutigen Zeit nicht mehr den Gesprächsstoff bilden, wie in der Vergangenheit ohne Radio und Fernsehen. Anerkennung findet mit der Herausgabe dieses Buches die Mithilfe derer, die durch das Sammeln von Sagen und Legenden die Arbeit von Gustl Motyka wesentlich erleichtert haben. Dem Buch wünsche ich viele Leser, die sich an alter Geschichte aus der Heimat erfreuen mögen.

Rupert Schmid, Landrat

„Heimat bewußt erleben"

So lautet ein Leitsatz, der die Unterrichts- und Erziehungsarbeit in unseren Schulen in vielfältiger Weise beleben soll.
Dem Deutschunterricht fällt in diesem Rahmen eine besondere Rolle zu. Er soll den Schüler zu literarischen Werken hinführen. Dazu zählen auch Sagen und Legenden, die unsere Kinder und Jugendlichen erschließen und als Bereicherung des eigenen Lebens schätzen lernen sollen.
Herr Rektor Motyka hat sich die Aufgabe gestellt, Sagen aus unserem Heimat- und Lebensraum zu sammeln und sie der Nachwelt zu erhalten. Diese Anregung haben viele Kollegen aufgegriffen und mit ihren Schülern aufgezeichnet, was sie erkundet haben. So ist ein Werk entstanden, das dem jungen Leser helfen kann, bewußter in seine Heimat hineinzuwachsen, diese in seiner Art mitzubewahren und zu pflegen.
So dürfen wir hoffen, daß aus der Lektüre dieses Buches eine Wertschätzung der Heimat erwächst. Diese Grundhaltung soll unsere jungen Leute bewegen, sich aktiv für die Erhaltung ihrer Heimat einzusetzen.
Einen wertvollen Beitrag dazu haben Herr Motyka, Lehrer und Schüler des Landkreises geleistet. Dafür sei ihnen recht herzlich gedankt!

Hans Wagner, Schulamtsdirektor

Die Nonne auf dem Adlersberg

Im ehemaligen Kloster Adlersberg lebte eine Nonne, die in der Kunst der Goldstickerei sehr bewandert war. Ja sie war so geschickt, daß sie sich die Augen verbinden ließ und blind stickte, damit ihr, wie sie sagte, ein himmlisches Licht leuchten möge. Da sie sehr fromm war, betete sie viele Nachtstunden vor dem gekreuzigten Heiland. Dem Teufel war dieses Gebaren nicht recht und er beschloß, ihre Seele zu gewinnen. So trat eines Nachts der Teufel an sie heran, als die Nonne gerade beim Gebet verweilte, und sprach: „Du hast hier genug gebetet, überlaß jetzt mir diesen Platz." Die Nonne erwiderte: „Wenn du der Heiligste im Himmel wärst, ich würde nicht von dieser Stelle weichen." „So muß ich dich vertreiben", erwiderte der Böse. Die Ordensfrau aber blieb standhaft und antwortete: „Gott möge selbst entscheiden, wer von uns beiden bleiben darf." Nun rang sie mit dem Teufel und blieb durch Gottes Hilfe Sieger. Sie kniete sich wieder zum Gebet nieder. Doch plötzlich fiel sie in Ohnmacht und ein helles Strahlen umgab sie, daß die Schwestern im Kloster aufwachten und in die Kirche eilten. Gisela, wie die Nonne hieß, ging nun eines Tages zum Beichten und bald erkannte sie, daß sie wieder den Teufel vor sich hatte, der im Beichtstuhl saß. Auch dieser List des Teufels konnte sie entkommen. Eines Tages lag nun die Nonne krank zu Bett. Als sie im Gebet versunken war, trat plötzlich Christus ein und tadelte sie wegen ihrer Sünden. Da regte sich in ihr wieder das Mißtrauen und sie sprach: „Wenn du wirklich Christus bist, so neige dich zu mir her und zeige mir deine Hände, Füße und die Brust, damit ich die Wundmale sehen kann." Als sich nun der späte Besucher hinabbeugte, riß sie ihm den Mantel von der Schulter und da stand nun der Teufel. Mit lautem Getöse verschwand er, und seit dieser Zeit war Gisela gegen die Versuchungen des Teufels gefeit.

Watzlik 1962 / Heimerl / Motyka

Der Druderer

In Aichkirchen machte ein Druderer ein starkes Unwetter. Als das Wetter hereinbrach, läutete man in Hemau die große Wetterglocke. Da fiel der Druderer in Aichkirchen aus der Luft herab und sagte: „Der große Kettenhund (große Glocke) hat mich heruntergezogen; hättet ihr zu Hemau nur ein Vaterunser mit ausgespannten Armen gebetet, wäre ich da schon herabgefallen." Danach starb er.

Schönwerth 1869

Die „Jägermarter" bei Alteglofsheim

Im Wald zwischen Alt- und Neueglofsheim schlugen in früheren Jahrzehnten immer wieder die Zigeuner ihre Zelte auf. Sie lagerten sich mit ihren Ponys und Wagen auf einer Lichtung. Abends beim Lagerfeuer ging es meist recht ausgelassen zu. Es wurde gespielt, getanzt und gesungen. Die Jagdherren aber sahen die Zigeunersippe gar nicht gern, denn es blieb oft nicht bei Gesang und Tanz. So wurde zum Beispiel auch sehr viel gewildert. Ein junger, sehr pflichtbewußter Forstgehilfe des Schloßherren nahm sich vor, diesem Treiben ein Ende zu setzen. Tag und Nacht legte er sich auf die Lauer. Endlich hörte er knackende Zweige und schleichende Schritte, und mit einem „Halt! Stehenbleiben!" wollte er die Wilderer stellen. Aber bis er so richtig zur Tat schreiten konnte, war er von den Wilddieben umzingelt. Man warf ihm kurzerhand einen Strick um den Hals und hängte ihn am nächsten Baum auf. Später nahmen die Zigeuner den Toten ab, steckten ihn mit dem Kopf voraus in einen großen Ameisenhaufen, brachen das Lager ab und verschwanden auf Nimmerwiedersehen. Als der Forstgehilfe gefunden wurde, hatten die Ameisen seinen Kopf schon ganz kahlgefressen. Das besagte Waldstück heißt seit dieser Zeit „Jägermarter".

Fendl 1973

11

Die Uazin vergißt sich selbst

Einmal war die Uazin auf der Wiese und klaubte Steine ab. Sie kam dabei ins Nachdenken und Sinnieren, und auf einmal wußte sie nicht mehr, ob sie wirklich die Uazin sei.

Da lief sie geschwind heim zu ihrem Haus, schaute unten zum Fenster hinein und fragte die Kinder in der Stube: „Kinder, ist eure Mutter daheim?" „Nein", sagten die Kinder, „die ist draußen auf der Wiese und klaubt Steine ab."

„So, so", sagte die Uazin, „ist schon recht, dann bin ich's schon." Und sie ging wieder auf die Wiese.

Hemrich, Nachlaß / Schlicksbier

Wie die Uazin einen weiten Weg schaffte

Am Samstag sollte die Uazin die Eier in die Stadt bringen. Die Kirm war schwer und der Weg weit. Am Freitag mittag machte sich die Uazin auf und ging bis Wutzlhofen. Dann kehrte sie um und ging wieder heim. Sie stellte die Kirm ab und sagte: „So, jetzt hab ich morgen nur noch den halben Weg zu gehn. Es ist doch gut, wenn man sich die Arbeit für zwei Tage einteilt."

Hemrich, Nachlaß / Schlicksbier

Die Uazin und das Kraut

„Meine Leut lassen immer das Kraut stehen, und ich weiß nicht, warum." So sagte die Uazin zu ihrer Nachbarin. Die gab ihr einen guten Rat: „Mußt halt ein wenig Fleisch ins Kraut stecken, dann wird's gleich gehn. Probier's doch nur!"

Da schlachtete die Uazin ein Schwein und zerschnitt das ganze Fleisch in kleine Stücke. Dann lief sie aufs Feld hinaus und steckte in jeden Krautkopf ein solches Fleischstücklein.

Als der Bauer nach der Arbeit nach Hause ging, da sah er auf seinem Krautacker alle Hunde von Hauzendorf. Daheim sagte er zu seiner Frau: „Ich möcht bloß wissen, was auf unserem Krautacker los ist. Es langen keine 15 Hund, die drauf herumlaufen."

„O mei", jammerte die Uazin, „wenn mir die das Fleisch raus-
fressen, lassen meine Leut das Kraut wieder stehen."

Hemrich, Nachlaß / Schlicksbier

Sterbelied der Altenthanner Glocken

Ehedem stand in Altenthann ein bescheidenes Dorfkirchlein. Es
hatte keine Kunstschätze in seinem Innern. Nur ein wundersa-
mes Geläute von vier Glocken nannte es sein eigen. Es schmei-
chelte sich durch seinen lieblichen Zusammenklang ins Herz
und war trotz seiner Weichheit weithin hörbar.
In der stürmischen Nacht vom 18. auf 19. März 1832 brach in
der Scheune des Gastwirts von Altenthann Feuer aus. Es brei-
tete sich rasend schnell aus. Das Wirtshaus mit allen Nebenge-
bäuden brannte lichterloh. Schreckerstarrt lief alles kopflos
durcheinander. Es herrschte Wassermangel, und es gab auch
keine Feuerspritze.
Da erklangen plötzlich vom nahen Turm die Glocken und riefen wie klagend in die Nacht hinaus.
„Gott sei Dank", dachten die Leute, „man läutet Sturm, vielleicht kommen uns die Nachbargemeinden zu Hilfe."
Aber niemand kam, und die Glocken wurden von dem fürchter-
lichen Geprassel fast übertönt. Da — o neuer Schreck! — auch
der Kirchturm hatte Feuer gefangen. Der Sturm hatte ein glü-
hendes Schindel hinübergetragen. Man bangte um die Glöckner, denn sie konnten im Turm von dem neuen Unheil nichts
ahnen. Von dem Dröhnen der Glocken mußten ihnen die Oh-
ren gellen, das Geprassel auf dem Kirchdach konnten sie unmöglich hören.
Niemand wagte sich mehr in die Kirche, aus der man nur das
Allerheiligste, die Kirchengeräte und Paramente rechtzeitig ge-
borgen hatte.
Auch als das Kirchdach ganz in Flammen stand, der Glocken-
stuhl und die Stränge schon längst vom Feuer erfaßt sein mußten, läutete es noch immer und verstummte erst, als der Kirchturm und das Kirchendach zusammenkrachten.
Ein Schrei des Entsetzens ging durch die Menge, die vier
Glöckner mußten ein grausames Ende gefunden haben. Wer
mochte es sein?

Als man am Morgen ans Aufräumen ging, fand man einen Klumpen geschmolzenes Erz, von den Unglücklichen aber fand man keine Spur. Keiner wußte, wer die Glöckner gewesen waren, und es wurde auch kein Altenthanner vermißt. Von Mund zu Mund ging es, die Glocken von Altenthann haben von selbst geläutet und sich ihr Sterbelied gesungen.

Hemrich, Nachlaß / Schlicksbier

Hundegebell am Feldkreuz

Zwischen 1940 und 1945 ging einmal die „Häusler-Frailn" nachts nach Hause. Am Bergbauernkreuz sah sie einen pechschwarzen Hund sitzen, der sie aus funkelnden Augen anstarrte und gar fürchterlich bellte und jaulte. Damals hieß es lange Zeit, daß es bei diesem Kreuz weizt.

Seidl / Schlicksbier

Eine goldene Truhe

D Schdoamüllaren is jedn Dooch aaf d Schdoamüll oiganga. Weis amol aaf Schönfeld zou is, do kimd ma am Hofwebakraiz vobai. Do hod s a goldane Druha gseng, a rechdd a scheene. Do is higanga, aba de Druha is ollawal waida wegganga. Dees hod uns Schdoamüllaren, wei ma Kinda gwen san, selba vazäild.

Schlicksbier

Ein graues Männlein

Viazehn Dooch woa i vahairadd. I bi so dogsessn aafm Kanabee, und de andan woan im Schdool. Aaf oamol klobbfd ebbad ans Fensdda, ganz fesdd. I bi rechdd daschrogga, ho glei an Vüahang weggado und ho aussigschaud. Da is a graus Mandl ums Haus gschlicha, hod an Koobf so schief koldn und hod zum Fensdda ainagschaud. Do ho i glai an Vüahang wieda vüado und ho de andan im Schdool gschrian. De san dann aussi, ham aba nix meah gseng. Dees Mandl ist nimma kema. Aba i hos damals selba gseng.

Schlicksbier

Irrlichter

Dees woa im Heabsd naizeahhundadfinfadraißg, an Ollahailign. I woa am Friedhof zum Grobrichddn. Wei i hoamkema bin, is aa scho nachdl gwen, na hon i no an Zopf gmachd. Dann hamma zammgarbad und samma no a weng zammgsessn. Na bin i aussi und ho an Mo gsouchd, wal der draußd no wos goabad hod. Aaf oamol sog i zu eahm: „Du, do schau hinddi, do gehd a Leichdl umanand. Na is mai Schwiegavadda aussa, mai Schwagerin is aa dogwen, und mai Schwiegamuadda hod aa no glebd. De is aa mid aussa. De ham dann gsagd: „Wenn d Ollaseelnzaid is, do genga de oama Seeln umananda." Na hamma a Wail so zougschaud. De Leichdda san ollawail so rundumanandaganga, so hi und hea, lang. Dees hod goa ned aafkead. Dees kinna viellaichd mehra gwen sa, mia ham bloß oans ollaweil gseng. An Ollaseeln hammas ofdd gseng.

Schlicksbier

Feurige Männer

De furign Manna solln do in der Gegend ollawal gwechsld ham. So hod hold dees mai Vooda vazuhld, wenn a vom Waizn gredd hod. Amol is da Großvooda vo maim Vooda vom Wiaddshaus hoam, üban Hundsschwanz umma. So hoissd dea Buggl. Do is scho finsdda gwen. Do hod a se denggd: Eidds kandd mia oana laichddn. In dem Momendd, wou a eahm dees denggd hod, is scho oana dogwen und is aa ummazou ganga. Na is mai Großvooda sovul grendd, daß a no schnell ins Haus ainakema is.

Schlicksbier

Ein Schimmel

Dees woa unddaholn Schönschdain, im Fraimass. Do gehd a Wies ins Holz affi. Do hams gsagd, san fairige Manna rumganga. So hods da Großvadda vazuhld, dea is oananainzg Joah old gwen, wei a nainzeahhundadoanazwanzg gschdodabn is. Und do is aa a waißa Mo mim Schimml vo de Schdauan aussagriidn.

Schlicksbier

15

Ein Mehldieb

Einst, als die Klosterherrschaft des Frauenzeller Klosters bis nach Altenthann reichte, gehörte auch die Mühle in Forstmühle zum Kloster Frauenzell. In jenen Jahren soll ein Knecht aus Altenthann zu nächtlicher Stunde einen Sack Mehl aus dieser Mühle gestohlen haben. Er wollte ihn in Richtung Altenthann tragen. Dort, wo heute der Steinerne Herrgott steht, legte er eine Rast ein. Im selben Augenblick, als der Dieb den Sack niederstellte, wurde dieser zu dem Stein, auf den man später den Steinernen Herrgott draufstellte.

Schlicksbier

Wie ein Elefant

Do woa a Buaschn-Chrisdbaamvaschdaigarung, und do is aa scho zwölfe woadn, wei i hoamganga bin. Und wia i zum Doaf aussikema bin in de Felda oi, do is a Hohlgass oiganga. Und wia i so oiganga bin, kumd do aaf da andan Saiddn a Ding affa, grouß, lang und schdoagg und gschnaufd hods. Mia is vüakema wei so a Elefandd. Und s gehd an mia vobai. I ho goa nimma umgschaud, wail ma scho ganz woam woadn is. Am andan Dog bin i wieda umma und wolld schaua, ob i a boa Schbuan seech. I ho aba nix gsegn. Dees woa mai oanziga Waiz, dea mia begegnd is.

Schlicksbier

Der Nachtwächter und der Hund

Frühas san in Olddndann de Nachddwächdda ganga. Do is mai Vadda aa drokema. Und do drobn baim Graml is eahm a Hund ollamol zwischn de Feiß duach, und ollamol wieda und ollamol wieda. Na hod a mid saim Nachddwachsdaab draaf aigschlogn, hod n ned droffa. Und na hod a gsagd: „Saggramendd, Misddveich, schau, daß d waidakimsd." Vo doadd oo war dea Hund weg.

Schlicksbier

16

Tod im Steinbruch

Draußd baim Beerchbauankraiz, wo da Weech zum Bieledara aigehd, rechds drin, do woa a Schdoabruch. Do is i da Nachdd da oldd Beerchbaua hoamganga, is vom Weech ookema, is i dem Schdoabruch oigschdeazd und woa doudd. Und vo doadd oo, ham de Olddn ollamol gsagd, hods gwaizd.

Schlicksbier

Die Schweden in Bach

Während des Dreißigjährigen Krieges war die freie Reichsstadt Regensburg von den Truppen des schwedischen Kanzlers Oxenstjerna eingenommen worden. Nach ihrem Sieg streiften die Schweden mordend und plündernd durch das Land. Als man in Bach erfuhr, daß die Schweden anrückten, flüchteten viele Bauern in den Wald und versteckten sich mit Vieh und Wagen in einem Dickicht nahe an einem Bach. Die anderen blieben mit ihrem mutigen Bürgermeister in der Ortschaft.

Am frühen Morgen des nächsten Tages ritt ein Trupp Schweden in den Ort, plünderte die Häuser und Weinkeller, zündete die Kirche an, trieb das Vieh aus den Ställen und brachte die Bauern vor das Wirtshaus. Ein angetrunkener Offizier verurteilte sie kurzerhand zum Tode.

Da trat der Bürgermeister vor und bot sein Leben für das der Bauern an. Der Hauptmann sah ihn tückisch an, lachte und sprach: „Wenn du meinen Humpen auf einmal austrinkst, dann schenke ich euch allen das Leben!"

Der Offizier gab aber Befehl, statt Wein Jauche in den drei Liter fassenden Humpen zu füllen. Der Bürgermeister nahm den Krug, holte tief Luft und trank. Er schluckte, wurde blaß, hustete, setzte aber den Krug nicht ab. Als der Humpen fast leer war, brach der unerschrockene Mann plötzlich bewußtlos zusammen. Nun begann ein grausames Gemetzel, dem nur wenige entkamen.

Nach diesem Blutbad suchten die Schweden die Wälder nach den anderen Bauern ab, konnten aber niemanden finden.

Am nächsten Morgen wollten zwei Schweden ein Kalb schlachten, als sie plötzlich das Muttertier aus dem Wald muhen hörten. Sie meldeten ihre Entdeckung dem Offizier. Dieser befahl, das Kalb freizulassen und ihm zu folgen. Das Tier führte die Schweden zu dem Dickicht am Bach, wo sich die Bauern versteckt gehalten hatten. So fanden die Schweden auch noch die letzten Einwohner von Bach und ermordeten sie auf grausame Weise. Der Bach, der aus der Schlucht kam, färbte sich rot vom Blut. Er heißt deshalb heute noch Blutsbach. Die Schlucht aber, in der so Schreckliches geschah, wird Elendsschlucht genannt. Sie liegt zwischen Bach und Demling.   *Fendl 1973*

Das Kreuz von Baiern

Es sei noch gar nicht lange her, was sich mit einem Baierner Bauern zugetragen haben soll.

Nach schwerer Holzarbeit im Winter, als die Knechte früh, allmorgendlich noch im Stockdunkeln ins Holz fuhren, war eine stattliche Menge feiner, gewinnbringender Stämme beisammen, sei es, um in der Stadt verkauft, oder in der nahen Mühle geschnitten zu werden.

Der Bauer selbst führte die schweren Rösser, welche von dem Knecht angespannt und frisch gefüttert waren. Laute, unnötige Flüche unterstrichen das Klatschen der Goasl, die den schweren „Heitern" deutlich sagte: „Zieht an! Wia!" Ein Ruck setzte die riesige Fuhre allmählich ächzend in Gang, kräftig schnaubten die Tiere, daß ihr Atem aus angespannten Nüstern im Frost dampfte.

So gut zogen sie, daß der Bauer zufrieden zahnte und ausspuckte. „Blutiger Kruze ..." schrie er noch einige Male und recht gut gings bergan auf gefrorenem Weg zur Straße nach Lappersdorf runter. Aber hier sei das Seltsame geschehen. Die letzten Meter vor der Hauptstraße verlangsamten die Hengste aus unersichtlichem Grund trotz der gräßlichen Rufe des Bauern, von denen jeder noch mit der Goasl verstärkt wurde. Schließlich bewegten sich die Tiere keinen Hufbreit mehr weiter. Ja, das knarzende Gespann kam in Gefahr, vom Wagengewicht nach rückwärts oder seitlich gerissen zu werden. Nun schwitzte der Bauer trotz der Kälte immer mehr. Die Angst ums Gespann stieg ihm kräftig in den Sinn. Noch stärker aber verstörte ihn seine und der Rosse Unvermögen, weiterzufahren. Welche Erinnerungen sich ihm nun aufdrängten: Wie er zu Lichtmeß geizte, wie er die Vorhaltungen seiner Frau böse weggewischt, sein Fluchen, schließlich sein schmerzhafter Übermut und seine Ungeduld beim Antreiben der braven Heiter und vieles mehr.

Inzwischen, ohne es recht bemerkt oder gar beschlossen zu haben, rangierte der Landmann retour, mit „wista" und „hot", vorsichtig die „Schleif" eindrehend und wieder lösend, spannten die Rösser gerade noch das Geschirr und rollte die schwere Holzfuhre rückwärts. Endlich gelang, an einer tiefgefrorenen

Ackerbreite unter den Augen staunend, ungläubig gaffender Dörfler, das Umkehren.

Das wird wohl eine beschämende Lage gewesen sein. Sie führte dazu, daß der Holzbauer ein Wegekreuz stiftete und bald aufstellen ließ. Noch heute mahnt es an derselben Stelle, wo er „bekehrt" wurde.

Rohr / Stelzer

Raubritter Kunz von Laufenthal

Vor vielen, vielen Jahren lebte einst in Laufenthal ein Raubritter namens Kunz. Er war der bekannteste Raubritter in der ganzen Umgebung von Hemau, denn er raubte den armen Leuten Wintervorräte und Sommerernten, außerdem Fleisch und Gemüse. Auf dem Rückweg von einem Raubzug zum Schloß sah der Raubritter Kunz auf einer alten Eiche eine große Eule mit großen, weißen, leuchtenden Augen. Da erschraken er und das Pferd so, daß das Pferd ihn sogleich zu Boden warf und der Raubritter sich das Genick brach. Wegen seiner Habgier und Ausbeuterei mußte er von diesem Tage an für immer als Geist am Dachboden der Kirche von Laufenthal Getreide umschaufeln.

Staudigl / Müller

Die Sage von der Zwergenhöhle

Auf einem bewaldeten Berghang bei Beratzhausen im Tanntal ist eine Höhle, genannt die Zwergenhöhle. Vor langer, langer Zeit hausten in dieser Höhle Zwerge. Sie suchten nach Gold und Silber, dadurch entstand ein langer Stollen. Der Stollen erstreckt sich vom Tanntal bis zum Zottelhof. In diesem Gang versteckten sich im 30jährigen Krieg Soldaten, Flüchtlinge und Bürger.

Inzwischen ist der Gang eingestürzt und nicht mehr zugänglich, doch der Höhleneingang von vier bis fünf Metern ist noch sichtbar.

Noch heute kommen viele schaulustige Besucher, dieses Meisterwerk der Zwerge zu bewundern.

Donauer / Müller

Die Geister auf Burg Ehrenfels

Es geht die Sage um, daß der Graf von Ehrenfels im 15. Jahrhundert einen jahrelangen Krieg mit seinem Nachbarn führte. Als jedoch nach langer Belagerung die Burg nicht zu erstürmen war, folgte der Feind dem Rat einer alten Frau und griff die Burg an der Westfront an. So fiel der Feind den Burgbewohnern in den Rücken und besiegte sie. Wer nicht unter den Hieben der Feinde fiel, wurde gefangengenommen, so auch der Graf und seine Familie. Die Feinde blieben und der feindliche Ritter verliebte sich in die schöne Gräfin von Ehrenfels. Sie bat den Feind um die Freilassung ihres Mannes und ihrer Kinder. Davon wollte der Feind aber nichts wissen. Doch schließlich gestattete der Anführer, daß sie das mitnehmen dürfe, was sie tragen könne. Als sie jedoch am Morgen mit den Kindern unter dem Arm und dem Gatten auf dem Rücken vor dem Feind stand, wurde dieser so wütend, daß er die Kinder und deren Mutter niederstreckte. Der Graf mußte das Land verlassen. Seit diesem Tag soll in der Burg Ehrenfels die Mutter mit ihren Kindern umhergehen und keine Ruhe finden. *Eichenseer / Müller*

Das Zwergenloch

Das Zwergenloch bei Beratzhausen war einst von Kobolden bewohnt, die ihr Wesen ringsum trieben.

Dieses Zwergenvolk erschien allnächtlich in einem Bauernhof von Hinterkreith. Daselbst verrichtete es allerlei Arbeit. Für die Leistungen verlangten die Zwerge keinen anderen Lohn als die Reste von der Nachtsuppe des Gesindes. Lange dauerte das freundschaftliche Verhältnis an.

In einer Nacht nun hatten die Bauersleute die Zwerge aus Neugier beobachtet und sahen, daß ihre Höslein und Schühlein arg zerrissen waren. Aus Mitleid ließen sie neue Kleidchen und Schühlein machen und legten diese an einem Abend in der Küche auf. Als die Zwerge diese Sachen gewahrten, fingen sie zu jammern und zu klagen an, denn sie wollten nicht belohnt werden. Schnell packten sie die Sachen zusammen und waren von der Stund an nicht mehr gesehen.

Einmal wurde einer von diesen Zwergen gefangen. Er jammerte und bat flehentlich, man möchte ihm doch wieder die Freiheit schenken und versprach dafür, etwas sehr Wichtiges und Geheimnisvolles mitzuteilen. Daraufhin ließ man ihn gerne wieder frei. Der Zwerg aber sprach: „Der erste Stich mit einer Nadel, so der Faden keinen Knoten hat, ist umsonst." Drehte eine lange Nase und verschwand. *Rammelmaier 1930 / Posset*

Wie die Burg Ehrenfels erobert wurde

Stolz wehte die Fahne von den Zinnen der Burg Ehrenfels als im Jahre 1492 die Truppen des Herzogs Albrecht IV. erschienen, um den abtrünnigen, meuterischen Ritter Bernhardin von Stauf zu züchtigen. Allein eine mächtige Burgmauer nebst einem breiten Burgwall trotzte acht Tage lang den Angreifern. Von allen Seiten aus beschoß man die Feste; doch überall ohne Erfolg. Schon wollten die Herzoglichen das nutzlose Schießen einstellen und unverrichteter Dinge abziehen. Im letzten Augenblick jedoch erschien im Feldlager eine alte Hexe und bot ihre Dienste an.

„Was wollt ihr mir geben", sagte sie, „wenn ich euch verrate, wo das Nest auszuheben ist?"

Der Feldhauptmann klopfte ihr auf die Schulter und erwiderte: „Laß uns deinen Rat hören!"

Die Hexe führte ihn auf einen bewaldeten Höhenbuckel, von wo aus sie schießen und stürmen sollten. Dem Hauptmann aber kam die Auskunft verführerisch vor, faßte das Weib unsanft an, indem er es mit lauter Stimme anfuhr:

„Gut! Ich befolge deinen Rat. Gelingt das Unternehmen nicht, so wirst du in eine Kanone geladen und in die Luft geschossen!"

Das Weib schwor bei Leib und Seele und machte ein Zeichen auf den Boden, worauf sie stand.

Nach ein paar Stunden begann die Beschießung, Sturm wurde gelaufen und die Feste fiel samt der Besatzung in die Hände der Angreifer. Nur Bernhardin von Stauf war entronnen.

Auf dem Platze, wo die Geschütze standen, wächst seitdem kein Holz mehr. Dann und wann hört man vergeblich die Hexe um ihren vorenthaltenen Lohn heulen und wettern.

Rammelmaier 1930 / Posset

Die Verfluchung

Es war einmal ein alter Bader in Beratzhausen, der riß einer Frau einen Zahn. Aber es blieb ein wenig Zahnfleisch am Zahn hängen. Die Frau schimpfte und verfluchte ihn und sagte, daß er an diesem Tage noch den Tod finden werde. Der Mann lachte nur und wollte nach Hause gehen. Als er über eine Brücke kam, hörte er aus dem nahen Walde ein Lachen. Im selben Augenblick war die Brücke verschwunden und er stürzte in die wilden Fluten. Die Leiche wurde niemals gefunden.

Wallantin / Müller

Die weiße Frau von Brennberg

Hoch über Brennberg erheben sich noch heute Teile der ehemaligen stolzen Burg. Ältere Bewohner erzählen, daß sie vor allem an den Sonntagen eine weiße Frau beim Bergfried stehen sehen, die traurig in die Runde blickt. Wie kam es dazu, daß die weiße Frau von Brennberg immer noch weizt? Die Sage erzählt, daß der eifersüchtige Herzog Ludwig der Strenge seine Gemahlin wegen angeblicher Untreue enthaupten ließ. Vor Zorn erstach er auch die Hofdame Helika von Brennberg. Ihren Bruder Reimar, der der Grund zur Eifersucht war, ließ er in vier Stücke schneiden. Die unglückliche Helika findet seit dieser Zeit keine Ruhe und geht als weiße Frau durch die Burg von Brennberg.

Frohschammer / Hemrich / Motyka

Die Weihe der Kirche

Der Ort Bruckdorf im Tal der Schwarzen Laber gehört zu den eigenartigsten Dörfern unserer Heimat und ist ein beliebtes Ausflugsziel. Nicht nur wegen seiner Schönheit wird dieses Dörflein gern besucht, sondern dort befindet sich ein Kirchlein, das eine seltsame Weihe erfahren haben soll. Papst Leo IX., der aus dem Geschlecht der Grafen von Dachsburg stammte, reiste im Jahr 1052 von Ungarn über Regensburg nach Nürnberg. In Regensburg weihte er im Oktober die Krypta des hl. Wolfgang in St. Emmeram. Auf seiner Weiterreise setzte er bei Prüfening über die Donau und kam zu dem kleinen Ort Riegling, denn die damalige Straße nach Nürnberg führte dort vorbei. Auf einer Anhöhe kamen ihm die Herren von Schwarzenburg, Verwandte des Hauses Dachsburg, entgegen und baten ihn, das Kirchlein in Bruckdorf zu weihen. Da aber der Papst sich nicht aufhalten wollte, hob er segnend die Hand und weihte mit kurzem Gebet das Kirchlein aus der Ferne. Die Schwarzenburger waren aber mit dieser Weihe nicht zufrieden und baten den Heiligen Vater, die Weihe doch an Ort und Stelle vorzunehmen. Nun betonte der Papst, daß man in der Kirche alle Zeichen einer Weihe finden werde. Als nun die Herren von Schwarzenburg nach Bruckdorf kamen, sahen sie dieses Wunder, denn man konnte, so berichtet der Geschichtsschreiber der damaligen Zeit, die Salbung erkennen.

Motyka, Sinzing 1987

Die feindlichen Brüder

Auch eine Begebenheit erzählt der Volksmund: Zwei Brüder (es muß angenommen werden, daß es Heinricus und Erchenbert de Stirn waren) lagen ständig im Streit. Damit sie in Bruckdorf nicht zur selben Kirchentür hineingehen mußten, ließen sie zwei Türen anlegen.

Motyka, Sinzing 1987

Die Sage von der weißen Frau

Gegenüber der Bruckdorfer Mühle befindet sich am Waldrand, dicht beim Feld, ein Kalksteinfelsen, auf dem die weiße Frau vom Fenster der Mühlstube aus öfters gesehen wurde. An einem Sonntag war der Müller um die Mitternachtszeit in der Mühle, um das Mühlenwerk für Montag in Betrieb zu setzen. Dabei erblickte er sogar in der Mühlstube die weiße Frau, die ihm auftrug, mit Haue und Schaufel am Felsen drüben einen dort zu Unrecht vergrabenen Gegenstand auszugraben und die arme Seele dadurch zu erlösen. Vor Schreck war der Müller wie gelähmt und konnte weder sprechen noch gehen. Da der Müller nicht gehorchen wollte, drohte die weiße Frau: „Du wirst verderben und sterben." Der Müller war drei Tage krank. Als er später die Hammermühle bei Sulzbach an der Donau erwarb, war er vom Unglück verfolgt. Er kam auf die Gant und starb. Der Schatz in Bruckdorf aber blieb bis heute ungehoben.

Motyka, Sinzing 1987

Der Hirte und die Windsbraut

Der Hüter war mit seiner Viehherde auf der Weide zwischen Dallackenried und Mollerhof. Da kam die Windsbraut daher. „Bist schon wieder da, du alte Hexe!" schimpfte der Hirte und warf sein scharfes Messer in den Wirbel. In diesem Augenblick erfaßte ihn ein Windstoß, hob ihn empor und trug ihn über hundert Meilen weit fort. Bei einem Kreuzgange im Walde wurde er abgesetzt. Hier stand ein Mann, der an der Stirn verwundet war.

„Schau her, was du getan hast!" sprach er, indem er das Messer vorzeigte, das der Hirt in den Wirbel geworfen hatte. Zugleich sagte er ihm, das künftig zu unterlassen, da es sonst gefährlich für ihn ausfallen könnte. Hierauf machte er ein geheimnisvolles Zeichen in die Luft. Die Windsbraut zog daher und brachte den Hirten wieder in seine Heimat zurück.

Rappl 1956 / Eichenseer

Geisterstunde bei Demling

Es dürfte im Jahr 1910 gewesen sein. In Frengkofen wartete eine Familie auf den Bäcker, der das Brot von Wörth bis Tegernheim ausfuhr. Es wurde Abend, und der Bäcker war immer noch nicht da. Man wartete bis in die Nacht hinein. Der Bäcker kam erst gegen ½ 2 Uhr in der Nacht. „Ja›mei Mo, wo blaibsd du denn haid? Mia warddn de halba Nachdd aaf di", empfing man den Bäcker. Darauf dieser: „Denggds aich nua, wos mia passiad is. Wia i mid de Rössa aafs Elend hikim, schlagds z Ullkofa (Illkofen) endd grod zwölfe. Do hom se maine Rössa aaf oamol aafbaimd und san koan Schriid meah ganga. I hobs mid da Goaßl gschlogn, aba nix hod kolfa. Wos solld i macha? I ho mi aafn Wogn affigsetzd und ho gwoadd. Dabai bin i kurz a weng aigschloffa. Noch ana Zaid hods z Ullkofa vo da Kiacha oans gschlogn. Do san de Rössa mit oam Schlooch aafgschdana und san waidaganga, wia wen nix gwen waar."
(Elend: Eine Schlucht zwischen Bach und Demling. Hier sollen sich während der Schwedenkriege Bacher Einwohner versteckt haben. Sie wurden aber von den Schweden entdeckt und umgebracht. Der Bach, der dort herunterfließt, soll voll Blut gewesen sein.)

Schlicksbier

Meister aller Meister

Vor Zeiten wandelte der Herr Jesus mit Petrus von Hemau nach Regensburg und kam auch durch Deuerling. An der Schmiede entdeckten sie eine Tafel mit der Aufschrift „Meister aller Meister". Neugierig geworden, kehrten sie beim Schmied ein, und der Herr Jesus fragte ihn, ob er wirklich bereit sei, seine Allmeisterlichkeit zu beweisen. Der Schmied, der seine Besucher für reisende Handwerksleute hielt, bejahte das. Der Herr entgegnete darauf, dann solle der Schmied doch bis zum nächsten Jahr seinen verfallenen hölzernen Gartenzaun durch einen kunstvoll geschmiedeten ersetzen. Nach dieser Frist werde er wiederkommen und sein Meisterwerk bei ihm machen. Die Frist war verstrichen. Als der Herr Jesus sich Deuerling vom Bachmühlbach her näherte, war der Schmied gerade dabei, die letzte Sprosse in den Zaun zu setzen. Die Arbeit gefiel dem Herrn, und er kündigte an, nun werde er selbst sein Meisterwerk vorführen. „Du hast eine hochbetagte Großmutter", begann er, „die schon seit Jahren nicht mehr stehen kann und ständig im Bett liegt. Bring sie mir hierher!"
Der Schmied tat, wie ihm geheißen. Nun gebot der Herr der Schmiedgroßmutter, ihren rechten Fuß in das Feuer der Esse zu halten. Unterdessen zog Petrus den Blasebalg. Als der Fuß heiß genug war, bearbeitete ihn der Herr auf dem Amboß mit dem Hammer. Dann stellte er die Großmutter auf das reparierte Bein — und siehe da, sie hüpfte vor Lust und Freude. Der Herr und Petrus zogen ihres Weges weiter.
Kaum waren sie fort, da eilte der Schmied zu seinem Freund, dem Wagner, und dessen gebrechlicher Großmutter, um ihnen von dem wundersamen Ereignis zu berichten. Die Wagnergroßmutter ließ sich dazu überreden, es auch bei sich auf einen Versuch ankommen zu lassen. Aber als der Schmied die Beine der greisen Frau an das Feuer brachte, begann sie so laut zu schreien, daß das ganze Dorf zusammenlief.
Seit dieser Zeit ist an der Schmiede kein Schild mit der Aufschrift „Meister aller Meister" mehr zu sehen.

Spörer 1949 / Giesl

Das seltsame Waldmännlein

Auf einem Waldhang bei Deuerling tanzte häufig ein Männlein
mit gelbem Höschen und grünem Spitzhütlein. Sah es einen
Wanderer, warf es das Hütl in die Luft und krächzte heiser:
„Hast Schneid, geh her und heb mein Hütl auf!" Das getraute
sich aber keiner zu tun. Einmal kam ein lustiger Hütbub aus
Undorf. Der packte furchtlos zu und erhaschte das Hütlein. O
Wunder! In seinen Händen hielt er ein Säcklein, prall voll von
Silbermünzen. „Vergelt's Gott", wollte er sagen; aber das gute
Wichtlein war wie von der Erde verschluckt.

Lotter / Göstl / Motyka

Der Pfeifenanzünder

Ein Schuster ging nachts von Deuerling spät und etwas ange-
trunken durch den dichten Wald nach Thumhausen. Plötzlich
sah er ein helles Lichtlein. Sofort ging er auf den Schein zu. Da
sah er ein winziges Zwerglein mit einem langen Stecken in der
Hand, dessen Spitze glutrot war. Er rief furchtlos: „He da,
Zwergl, komm her und zünd mein Pfeiflein an!" Wirklich kam
der kleine Wicht, brach ein Stücklein von seinem Glühstecken
ab und legte es in des Schusters Pfeife. Diese aber brannte
nicht. Dieses wiederholte sich mehrmals. Nun schob er brum-
mend die Pfeife ein. Zu Hause klopfte er sie aus. Siehe da, es
klapperten drei Silbertaler heraus, worüber sich der Schuster
sehr freute.

Motyka

Der Hirte und der Wind

Es war ein schöner Maitag. Bei Dinau weidete ein Hirte seine Herde. Kein Lüftchen regte sich. Vom tiefblauen Himmel fielen die Strahlen der Sonne zur Erde. Ringsum blühten die Blumen und schwirrten die Schmetterlinge. Aus Busch und Strauch ertönten Vogellieder. Grillen zirpten schon. Da begann es plötzlich im nahen Walde zu rauschen, erst dumpf und geheimnisvoll, dann stärker und stärker, bis endlich der Wind in seiner ganzen Macht losbrach und wild in das Land hineinstürmte. Da entwurzelte er Bäume, dort zerstörte er Kamine und riß Geröll, Holz und sonstige Gegenstände mit fort. Am nächsten Tag erfuhr der Hirte, daß im Walde, in dessen Nähe er hütete, sich einer erhängt hatte.

Rappl 1956 / Eichenseer

Der Wolkenschütze

Am Anfang des 18. Jahrhunderts stand jahrelang eine schwarze
Gewitterwolke über der Salvatorkirche zu Donaustauf. In jener
Zeit waren die Menschen noch sehr abergläubisch. Sie dachten,
wenn sich die Wolke entlüde, käme großes Unglück über sie.
Da wurde es einem Donaustaufer Bürger zu bunt, immer in
ständiger Angst und Ungewißheit leben zu müssen.
Nach vielen Überlegungen kam ihm die Erleuchtung. Er drehte
aus geweihten Kerzen eine unzählige Menge Wachskügelchen
und fertigte sich eine Schleuder aus Haselnußholz.
Damit ausgerüstet erstieg er das Dach der Kirche. Er legte Kugel für Kugel ins Leder und beschoß die Wolke so lange, bis sie
sich vor seinen Augen auflöste. Als dies die Bewohner von Donaustauf gewahrten, atmeten sie auf und feierten den Wolken-
schützen wie einen Helden.

Fendl 1973

Am Großen Markstein erschien der Teufel

An einem eiskalten Winterabend saßen Waldarbeiter aus dem
Staufer Forst mit ihren Saufkumpanen am Stammtisch, wo es
— wie alle Tage — hoch herging. Als die Stimmung ihren Hö-
hepunkt erreicht hatte, schrie ein Bauer zu einem der Waldarbeiter hin: „Du Feigling wirst sowieso jede Nacht mit schlot-
ternden Knien nach Hause laufen." In seinem Übermut prahlte
dieser: „Ich habe vor gar nichts Angst, auch wenn der leibhaftige Teufel und seine Großmutter daherkämen!" Nach einiger
Zeit waren seine Aufschneidereien wieder vergessen. Gegen
halb zwölf verließ er das Wirtshaus in Donaustauf und trat seinen Heimweg durch den Staufer Forst nach Probstberg an. Als
er die Hohe Linie erreicht hatte, wurde es ihm doch ein bißchen
unheimlich, und plötzlich vernahm er ein seltsames Rauschen in
den Baumwipfeln über sich.
Als er hinaufschaute, erblickte er eine unheimliche Gestalt mit
Schweif und Pferdefuß: es war der Leibhaftige.
Gottseibeiuns! Der Waldarbeiter blieb einige Augenblicke wie
erstarrt stehen, dann sank er in die Knie und fing an zu beten:

33

„Heilige Muttergottes, wenn du mich vor der Hölle bewahrst, errichte ich dir zu Ehren eine Kapelle." Kaum hatte er diesen Satz vollendet, war der Teufel verschwunden. Daraufhin baute der Geprüfte auch wirklich eine Kapelle, die er „Zum Tannerl" nannte. Diese Marienkapelle steht heute noch in der Nähe der Weggabelung beim Großen Markstein.

Fendl 1973

Das Fräulein von Stauf

Auf der Burg in Donaustauf lebte ein Ritter mit seiner Tochter. Als der Ritter gestorben war, hatte er seiner einzigen Tochter unermeßliche Reichtümer an Gold, Silber, Edelsteinen und Perlen hinterlassen. Mit diesen Schätzen hätte das Fräulein viel Gutes tun und manches Elend lindern können, und es wäre trotzdem nicht arm geworden. Das Mädchen tat das aber nicht, denn es war hartherzig und sehr geizig. Arme und Kranke, die an das Schloßtor kamen und bettelten, wies es mit harten Worten zurück.

Als das Fräulein einmal den Schloßberg hinunterging, da begegnete ihm ein Bettelweib mit drei kleinen Kindern, die vor Hunger weinten. „Seid barmherzig, edles Fräulein, wir haben großen Hunger", klagte das Bettelweib. Hartherzig wurde ihr geantwortet: „Schert euch fort ihr Bettelvolk, oder mein Hund wird euch den Weg weisen." Da ging das Bettelweib zur Seite und sagte: „Wir wünschen euch nichts Schlechtes, nur sollt ihr euch nicht von euren Schätzen trennen können."

Der Wunsch der armen Frau ging in Erfüllung. Die Ritterstochter wurde alt und älter und gern hätte sie viele Goldstücke hergegeben, wenn sie nur sterben könnte, aber der Tod kam lange nicht. Als sie starb, fand sie keine Ruhe und wanderte als Geist durch die Burgruine und oft ertönt ihr Ruf: „Mein Gold, mein Gold, alles umsonst."

Motyka

St. Wolfgang fährt durch die Donau

Unweit der von einem seiner Vorgänger errichteten bischöflichen Veste Thumstauf kam der heilige Wolfgang einmal an den Donaustrom. Seit Tagen regnete es; ein Wolkenbruch hing sich an den anderen, und eine riesige Überschwemmung war die Folge. Das Donautal glich bald einem großen See, der sich von den rebenbepflanzten Hängen des Sulzbacher Forstes bis zu den alten Dörfern Barbing, Geisling und Pfatter ausdehnte. Die Fergen und Fischer hatten ihre Boote auf das höher gelegene Land zurückgezogen und wagten keine Überfahrt. Nicht einmal die inständigen Bitten des Bischofs änderten den Sinn der Schiffer. Da gab Sankt Wolfgang seinem Fuhrknecht den Befehl, mit dem Wagen durch den reißenden Strom zu fahren, damit seine seelsorglichen Pflichten keinen unnötigen Aufschub erlitten.
Und siehe da, der Wagen rollte hindurch, als gäbe es eine gepflasterte Straße durchs Wasser, und hatte bald das staufische Ufer erreicht.
Ein edler Herr aus einem der Nachbardörfer war Zeuge dieser seltsamen Begebenheit geworden und wollte die Probe aufs Exempel machen. Schnell trieb auch er sein Roß in die Fluten der Donau. Aber da faßte ein Wirbel Mann und Wagen und zog sie samt dem Pferd hinunter auf den Grund des Stroms.
Denn wenn zwei das gleiche tun, ist es doch nicht das gleiche!

Fendl 1973

35

Wie die St.-Salvator-Kirche entstand

Die Entstehung dieser Wallfahrtskirche geht bis auf das Jahr 1388 zurück. Damals belagerten die Bayernherzöge Donaustauf. Ihre Zelte hatten sie auf dem Breuberg aufgestellt. Drei von den Soldaten gingen nach Sulzbach und brachen den Tabernakel in der Kirche auf, raubten die geweihten Hostien samt Kelch und Beutel.

Einer der Knechte verkaufte den Kelch für sieben Regensburger Pfennige und vertrank den Erlös. Dann kam Gottes Strafe: Der Dieb wurde schwer krank.

Da vergrub er die heiligen Hostien und den heiligen Beutel auf dem Breuberg. Von da an brannte ein kleines Licht auf dem Berg. Als man nachforschen wollte, was dies zu bedeuten habe, fand man die heilige Diebesware.

Dann baute man zur Sühne eine Kirche mit dem Namen „Sankt Salvator", was so viel wie Erlösungskirche heißt.

Die Leute unternahmen viele Wallfahrten dorthin, und es geschahen viele Wunder.

Im 30jährigen Krieg wurde sie zerstört, und wieder brannte das Licht. Daraufhin baute man die Kirche wieder auf.

Die drei Gottesräuber aber wurden sehr hart von Gott bestraft. Der erste starb gleich danach an der Pest. Der zweite führte sein Pferd an die Donau. Eine Kreuzotter scheuchte sein Pferd auf. Es warf den Reiter in den reißenden Strom, wo er umkam. Der dritte hatte Streit mit einem Kameraden und fiel im Zweikampf.

Fendl 1973

Die feurigen Männer

Zwischen Dünzling und Thalmassing liegt eine Mühle, diese führt den Namen Teufelsmühle. Nicht weit davon entfernt ist ein Waldgebiet, das die Hölle heißt. In alter Zeit sollen sich hier feurige Männer aufgehalten haben. Sie waren gute Geister und in finsteren Nächten wiesen sie sogar durch ihre Helligkeit den Menschen den Weg.

Eines Tages halfen sie auch einem Bauern, der in der Nacht von Dünzling nach Regensburg Holz fuhr. Da es sehr finster war, stürzte das Holzfuhrwerk in einem Hohlweg um. Da sagte der Bauer: „Wenn nur die feurigen Männer da wären, daß ich mein Holz wieder aufladen könnte." Sogleich tauchten zwei dieser feurigen Männer auf. Sie setzten sich auf einen Baumstumpf gleich neben dem umgestürzten Wagen. Es war hell wie am Tag. Auch nach dem Aufladen blieben die feurigen Männer bei dem Bauern. Als die Fuhre aus dem Wald kam, bedankte sich der Bauer bei den Geistern und diese verschwanden wieder im Wald.

Motyka

Der „Rotleibl" von Dünzling

Im Dünzlinger Pfarrhaus, das eines der größten Häuser des Dorfes war, spukte es. Der sogenannte „Rotleibl" ging um. Keiner glaubte dies, außer dem Pfarrer und seiner Köchin, die das schauderhafte Treiben jeden Abend aufs neue miterleben mußten.

Am Sonntag nach dem Hochamt verabredeten sich der Dorfgeistliche und der junge Hauptlehrer zu einer Runde Schafkopf für Donnerstag abend im Pfarrhaus. Der geistliche Herr warnte zwar den Lehrer vor dem Spuk, der sein Unwesen ausgerechnet im Pfarrhof treiben mußte, doch der wackere Schulmeister ließ sich nicht einschüchtern.

Also saßen die beiden Kartenbrüder am verabredeten Abend bei einem Spielchen zusammen. Aus der einen Partie wurden fünf, und mittlerweile ging es auf die zwölfte Stunde zu. Minute um Minute verging, und der Pfarrherr wurde immer unruhiger. Als es von der nahen Turmuhr zwölf schlug, wollte der Geistliche das Spiel abbrechen. Doch da fing das Unheil schon an: Teller und Tassen fielen aus den Regalen, Töpfe stürzten von den Schränken, Bilder zerschmetterten am Fußboden. Kreidebleich verfolgte der junge Hauptlehrer das unheimliche Treiben des „Rotleibls". Keiner der beiden Herren rührte sich. Erst als das Geklapper endlich verstummt war, rannte der zu Tode erschrockene Lehrer in Windeseile die Treppe hinunter. Als er schnaufend am Treppenabsatz angelangt war, verpaßte ihm der „Rotleibl" zum Abschied noch eine solch kräftige Ohrfeige, daß der Schulmeister am nächsten Morgen mit einer geschwollenen Backe vor seine Klasse treten mußte.

Nach diesen überaus handgreiflichen Ereignissen überzeugte der Mann die übrigen Dorfbewohner von der Existenz des Geistes.

Schließlich wurde der alte Pfarrhof abgerissen und ein neuer erbaut. Seit der Zeit trat der „Rotleibl" nicht mehr in Erscheinung.

Fendl 1973

Der „Rotleibl" erscheint einem Pfarrer

Einst weilte in Dünzling, an der Grenze des Landkreises gelegen, für einige Tage ein fremder Pfarrer. Er hatte zwar gehört, daß es in einem Zimmer des Pfarrhauses spuken sollte, aber er hatte keine Angst vor bösen Geistern und glaubte auch nicht an sie. So beschloß er, gerade in diesem Raum zu übernachten. Als er dann abends bei Kerzenlicht sein Brevier betete, hörte er plötzlich, wie die Türe in ihren Angeln quietschte und geöffnet wurde. Dann erst stieg jemand die Treppe herauf, klopfte an des Pfarrers Tür und trat ein.

Es war ein Bauer mit einem roten Leibl. Dieser Mann jagte dem Geistlichen so viel Angst und Schrecken ein, daß er schwor, nie wieder nach Dünzling zu kommen. Schließlich verschwand diese fast unheimliche Gestalt wieder; wahrscheinlich waren ihr das heilige Buch und das Kerzenlicht nicht ganz geheuer. Bald darauf wurde der Pfarrer schwer krank und kam auch nie mehr nach Dünzling.

Fendl 1973

Warum die Duggendorfer keinen Hl. Geist mehr haben

Vor Jahren war es üblich, religiöse Vorgänge bei kirchlichen
Festen dem andächtigen Volke möglichst sinnfällig zu machen.
So auch in Duggendorf. Der Hl. Geist wurde durch eine Taube
dargestellt, die der Organist von der Empore aus abfliegen ließ,
wenn der Pfarrer sang: „Komm Hl. Geist...!"
Wieder war Pfingsten. In der Kirche warteten die Gläubigen
auf die übliche Überraschung. Gehobenen Herzens stimmte der
Pfarrer an: Veni sancte Spiritus...! Aller Augen wandten sich,
dem Beispiel des Geistlichen folgend, nach oben. Wider Erwarten kam aber der Hl. Geist nicht zum Vorschein. Der Pfarrer
wurde ungeduldig und rief wiederholt und zuletzt ganz unwil-
lig: Komm Hl. Geist!...! Der alte Kantor auf der Orgel
schwitzte indessen schon lange, er wußte sich nicht mehr zu
helfen und sang in heller Verzweiflung hinunter: „Den hat vor-
hin d' Katz gefressen!"
Seit der Zeit haben die Duggendorfer keinen Hl. Geist mehr
und haben an Pfingsten auch keinen mehr erscheinen lassen.

Rappl 1956 / Eichenseer

Der Dulnbock

Spät in der Nacht war ein Bauer auf dem Weg von Duggendorf
nach Wolfsegg. Müde und mit schweren Schritten ging er den
Berg nach Wolfsegg hinauf. Da kam das Ungeheuer von hinten
angesprungen und „hugelte" (aufsitzen) sich auf. Der Mann
wollte das Untier abschütteln, aber es gelang ihm nicht. So
schleppte er die schwere Last weiter. Erst kurz vor Wolfsegg
sprang der Dulnbock, um so einen handelte es sich nämlich,
von dem späten Heimkehrer ab und verschwand im Wald. Der
Bauer kam schweißgebadet nach Hause und mußte mehrere
Tage mit Kreuzschmerzen das Bett hüten.

Dürr

Der Hexen- und Drudenseher

Es wird erzählt, daß man während einer Messe die Hexen und Druden sehen könne, wenn man einen Hexenstuhl besitze. Dieser Hexenschemel besteht aus neunerlei Holz und hat drei Füße. Ein Bauer aus Duggendorf nahm diesen Stuhl und setzte sich in der Kirche darauf. Als der Priester die Wandlungsworte sprach, erkannte der Bauer alle Hexen und Druden, die in der Kirche anwesend waren. Das böse Ende kam aber nach der Messe, denn, als der Bauer die Kirche verlassen hatte, zerkratzten ihm die Hexen und Druden das Gesicht. Wäre der Pfarrer nicht hinzugekommen und hätte den unglücklichen Mann nicht mit Weihwasser bespritzt, so wäre wahrscheinlich die Sache schlecht ausgegangen.

Dürr

Das Loch im Wasserpalast

Ein Fischer setzte in der Nähe von Ebenwies mit einem Kahn über die Naab. Als er in der Mitte des Flusses war, bemerkte er einen starken Strudel. Um diesen Strudel näher anzusehen und um zu wissen, was sich unten befindet, stieß er mit seiner Ruderstange in den Wirbel hinein. Da wurde es plötzlich im Grund lebendig. Ein Wassermännlein stieg aus den Fluten und jammerte, daß der Fischer ihm in seinen Wasserpalast ein Loch gestochen hätte. Zugleich bat er, ihm etwas zum Verstopfen zu geben. Der Fischer gab ihm eine Halsbinde und ruderte zum anderen Ufer. Als er nach einigen Tagen wieder dorthin kam, sah er an einem Strauch seine Halsbinde hängen, die aber an den Enden zerrissen war und in der Mitte ein Loch hatte.

Motyka

Die Wassernixe

Einmal hatte sich ein Müllerssohn von Ebenwies in eine schöne Wassernixe verliebt. Seine Mutter, die deswegen um sein Schicksal fürchtete, überredete ihn, doch um Gottes willen die reiche und stolze Bauerntochter von Eibrunn zu heiraten; dies tat dann der Müllersbursch auch.

Doch als das eben vermählte Brautpaar in der Hochzeitsnacht das Brautgemach betreten wollte, da hatte sich bereits die eifernde Nixe ins bereitete Ehebett gelegt.

Empört rannte die Menschenbraut fort, da sie glaubte, ihr Gemahl habe sie betrogen und zum Narren gehalten.

Der Müllerssohn aber ließ sich von der Schönheit der ehemals geliebten Nixe bezirzen und küßte sie auf den schönen, verfluchten Mund. Und die Tür brach auf, und wildschwarzes hohes Wasser schäumte herein ins Brautgemach und verschlang alles. Oberhalb Ebenwies irgendwo führen Stiegen in die Naab hinab, dort, heißt es, sei der Müller ins Wasser gestiegen.

Die verlassene Braut ging noch lange um wie eine irre, erstarrte Seele, ein volles Jahr lang saß sie als gefährliche Törin in der Kirche an eine Kette gebunden.

Watzlik 1962 / Bornschlegl

Der Schaderer-Hans

Zwischen Ascholtshausen und Stofflach liegt der Schaderer-Berg. Er bildet die Wasserscheide zwischen der Großen und der Kleinen Laber und beeinflußt entscheidend das Landschaftsbild. Im Innern dieses Berges haust nach alter Sage der Schaderer-Hans. Niemand weiß mehr woher er kam, wo er einstens lebte und schaffte und warum er in diesen Berg versetzt und verbannt wurde.

Vielleicht war er ehemals der Bauer von Schönhöfen, einer Einöde, die jetzt zum Schulsprengelbereich Eggmühl gehört, ehemals aber als Haus-Nummer 44, welche der Hof heute noch führt, der Gemeinde Ascholtshausen angehörte. Vielleicht entstammte er auch der Familie der „Herren von Schad", die um 1600 auf der Wasserburg Oberhaselbach hausten.

Kurz und gut, der Schaderer-Hans lebt im Schaderer-Berg. Er ist kein böser Geist, kein Spuk und kein Schreck für die nächtlichen Wanderer. Noch nie hat man vernommen, daß er jemandem etwas zuleid getan habe. Nur einmal hat man ihn gesehen und gehört und seine Macht gespürt. Das kam so:

Als allüberall die „Eisernen Straßen" durch Täler und über Höhen gelegt wurden, auf denen eiserne Wägen auf eisernen Rädern polternd durch Tag und Nacht rattern sollten, kam man auch hinein an den Schaderer-Berg. Es galt, die Hauptstrecke Neufahrn — Regensburg auszubauen und die „Eiserne Straß'" zwischen Berghausen und Winisau durch den Ausläufer des Schaderer-Berges zu legen. Schier unzählige Menschen kamen gezogen und störten die tausendjährige Stille des Schaderer-Hans. Lärmend und schwatzend, mit klappernden Werkzeugen und Maschinen, begannen sie ihr Werk und schlugen ihre eisernen Nagezähne in den Rücken des Schaderer-Berges. Immer tiefer und breiter klaffte der mächtige Einschnitt.

Dieses unbotmäßige Treiben schreckte den Schaderer-Hans aus seiner einsamen Ruhe auf. Zu nächtlicher Stunde verließ er seine unterirdischen Gemächer, stapfte heraus aus dem Berg und betrachtete ziemlich mißmutig das begonnene Menschenwerk. Kopfschüttelnd schritt er über die frischen Erdhaufen. „Dös is nix und dös wird nix", so brummte er mürrisch vor sich hin und ballte drohend die Faust. So erschien er Nacht um

Nacht; nur die hellen Mondnächte mied er. Und schließlich faßte er seinen Entschluß: Wenn die Menschen seine Ruhe und seinen Schaderer-Berg zerstörten, dann wollte auch er der Menschen Werk zerstören, sobald es fertig wäre.
Schon war die gewaltige Bresche durch den Berg geschlagen, schon lagen die eisernen Stränge, hölzernen Schwellen und eisernen Schrauben bereit, da nahm der Schaderer-Hans seine Rache: Über Nacht schob er mit seiner mächtigen Brust den Berg wieder zusammen und füllte mit Erdmassen, die er dem Innern des Berges entnahm, den Einschnitt. Erstaunt mußten die Menschen am nächsten Morgen die Vernichtung ihres Werkes wahrnehmen. Doch ungesäumt begannen sie von neuem und räumten die Erdmassen wieder weg. Aber in der darauffolgenden Nacht wiederholte der Schaderer-Hans sein Zerstörungswerk. Doch die Menschen gaben nicht auf. Indes ward endlich der Widerstand des Schaderer-Hans gebrochen: Er zog sich grollend zurück in den Berg. Die Menschen vollendeten den Bau.
Viele Jahre grollte er still weiter, bis noch einmal seine Wut von neuem aufloderte. Im Jahre 1895 schob er noch einmal die eine Wand heraus und nieder auf die „Eiserne Straß'". Seitdem aber hat man nichts mehr von ihm vernommen. Die Stelle seiner Zerstörung nennt der Volksmund noch heute die „Rutsch'n" im Schaderer-Berg.
Tausende von Zügen, Millionen von Passagieren, ja selbst Kaiser, Könige und Präsidenten haben die „Rutsch'n" schon durchfahren, aber selten wird jemand daran gedacht haben, was wohl sein würde, wenn der Schaderer-Hans erwachen und im Zorn wieder den Berg herunterschieben würde. Vielleicht? Wer weiß? Was kann nicht alles sein in hundert Jahren?

Fleischmann

Wie der Reuwinkel zu Eggmühl zu seinem Namen kam

Nördlich von Allkofen bei Eggmühl liegt der sogenannte Kapellenwald. Ein Weg durch ihn führt zur alten Römerstraße, die der Volksmund respektlos „Ochsenstraße" genannt hat. Geht man am Rande des Waldes an der westlichen Seite, dann fällt auf, daß inmitten des Forstes eine Wiesenfläche eingebettet ist. Dieses Gebiet um die Wiese herum hat den Namen Reuwinkel. Wie dieser sonderbare Name entstand, darüber weiß der Volksmund folgendes zu berichten:

Schwere Kriegszeit lastete einst auf Allkofen und der Umgebung. Des Schwedenkönigs Gustav Adolfs Soldaten brandschatzten die Dörfer und marterten und quälten die Bewohner. Nur die Flucht in die undurchdringlichen Wälder bot ihnen Schutz vor der grausamen Soldateska. Schon war das Schloß in Inkofen geplündert und angezündet. Da fielen auch verschiedene Anwesen in Allkofen den Schweden zum Opfer. Zwar flüchteten die meisten Bewohner der Dörfer — in Inkofen blieben nur drei Männer zurück — aber die Schweden vernichteten ihre zurückgelassenen Habseligkeiten vollständig.

Als die Greuel des Krieges ein Ende hatten und die Schweden unsere Gegend verlassen hatten, da wagten sich die geflüchteten Bewohner von Allkofen wieder in ihr Dörflein zurück. Mit ihnen aber kehrten Hunger und Krankheit in die Hütten der Armen und in die Höfe der Halb- und Ganzbauern ein. Niemand hatte Brot, und der Hunger tat gar weh. In dieser Not wandte sich die Ortschaft Allkofen an das Nerianer-Kloster in Aufhausen. Der Vorsteher des Klosters erklärte sich bereit, gegen ein Grundstück der Gemeinde Allkofen Brot zu geben. Der großen Not gehorchend willigten die Allkofener in den unmenschlichen Handel ein und traten vom Gemeindegrund einen Winkel dem Kloster ab.

Nur allzu rasch waren die Brote des Klosters trotz größter Sparsamkeit der Allkofener in ihre hungrigen Mägen gewandert. Und nun kam die Reue. Es tat den Bürgern leid, daß sie den schönen Winkel an das Kloster der Nerianer in Aufhausen gegen Brot abgetreten hatten. Aber ihre Reue war umsonst. Das Kloster behielt den Winkel. Noch heute gehört er zur Gemeindeflur Aufhausen. Die Allkofener aber gaben dem Winkel den Namen Reuwinkel, den er noch heute besitzt.

Fleischmann

Entstehung der Wallfahrtskirche

Die Gattin des Mesners Margarete Lutz hörte eine innere Stimme, daß sie der Heiligsten Dreifaltigkeit eine Kapelle erbauen soll. Sie nahm ein Bild der Dreifaltigkeit und heftete es zunächst an einen Baum. Nach langwierigen Verhandlungen erhielt sie die Genehmigung zum Bau einer Kapelle. Später wurde eine Wallfahrtskirche erbaut, die man 1711 einweihte.

Motyka

Die Streusammler

Ein Glasergesell ging nachts durch den finsteren Wald in Richtung Eilsbrunn. Im Walde hörte er ein Geräusch, als seien viele Streusammler bei der Arbeit. Wirklich sah er plötzlich wildfremde, sonderbar gekleidete Gesellen. Sie umringten ihn und warfen ihn blitzschnell zu Boden. Dann rauschte es entsetzlich und ein Wirbelsturm hob ihn hoch in die Lüfte und trug ihn ins Naabtal. Hier fand man ihn bewußtlos mit schiefem Mund und ohne Verstand. Genau nach einem Jahr war er wieder bei Sinnen. Seinen Glaskasten fanden Holzhauer erst viel später im dichten Geheck an ganz anderem Ort.

Motyka

Die Sage von der Burg Löweneck

Der Ritter von Löweneck hatte den Ritter von Eichhofen auf einem Streifzug gefangengenommen und ihn in die Höhle (Räuberhöhle) gesperrt. Der Ritter von Eichhofen aber hatte eine Tochter namens Waltrud, die ihrem Vater sehr zugetan war und ihn liebte. Als sie von der Gefangennahme ihres Vaters erfuhr, verkleidete sie sich als Bauernmädchen, ging auf die Burg Löweneck und bat den Besitzer, daß er sie als Magd einstellen möge. Der Löwenecker stellte sie ein und war mit ihr zufrieden. Jeden Abend schlich sie nun zum Verlies ihres Vaters und tröstete ihn. Als der Ritter von Löweneck im Sand Fußspuren entdeckte, wurde Waltrud bei ihrem erneuten Besuch gefangengenommen. Unter den Bewohnern der Burg war auch ein junger Ritter aus dem Geschlecht der Schreckensteiner. Dieser hatte Mitleid mit Waltrud. Mit List drang er in das Gefängnis ein und befreite Waltrud und ihren Vater. Der befreite Ritter von Eichhofen sammelte nun seine Knechte und erstürmte die Burg Löweneck. Der Löwenecker wurde auf die Burg Eichhofen gebracht. Der junge Ritter aber wurde belohnt. Der Eichhofener gab ihm seine Tochter Waltrud zur Frau.

Motyka 1980

Auszug der Zwerge

Nahe beim Kloster Pielenhofen im Naabtale erhebt sich ein steiler Felsen mit einer Höhle. Letztere heißt man Osterstube. Unter ihr entspringt das Winterbrünnl, das mit der schwarzen Laber verbunden sein soll. In dieser Höhle wohnten früher Zwerge, die gut zu den Leuten waren und ihnen viel geholfen haben.
Mit einem alten Jäger, der auf einem Hofe bei Penk lebte, waren sie besonders eng befreundet. Als auf seinem Hofe in einer Nacht Feuer ausbrach, stürmten die Zwerge in seine Schlafstube und schleppten ihn aus dem brennenden Gebäude. Wären die Zwerge nicht gewesen, hätte er elend verbrennen müssen.
Später einmal, in einer stürmischen Nacht, riefen diese Zwerge den Fährmann und Fischer Bleicher an, er solle sie über die

Naab fahren. Als die Zwerge nachher um ihre Schuldigkeit fragten, sagte der Fischer: „Ich nehme nichts!" Darüber freuten sich die Zwerge und sagten: „Solange du lebst wird es dir nicht an Verdienst fehlen, und dein Netz wirst du auch niemals leer aus dem Wasser ziehen."
Damals sind die Zwerge fortgegangen und seitdem hat man sie nicht mehr gesehen.

Motyka

Karl der Große in Frengkofen

Zur Zeit Karls des Großen wohnten am nördlichen Donauufer, etwa vier Meilen östlich von Regensburg, einige Bauern und ein Fährmann namens Freng. Der Fährmann bestellte einige Felder und besaß auch einen Weingarten, der noch von den Römern stammte. In jenen Tagen überfielen die kriegslustigen Awaren die Dörfer und Höfe im Donautal. Karl der Große aber stellte sich diesem räuberischen Volk am südlichen Donauufer östlich von Regensburg entgegen. Nach langem verlustreichen Kampf ging Karl mit seinen Franken als Sieger aus der Schlacht hervor. Die Reste des Awarenheeres flüchteten sich auf das nördliche Donauufer. Bei ihrer Verfolgung wurde Karl die Fähre Frengs gemeldet. Der Kaiser beschloß, sich mit seinem Heer übersetzen zu lassen. Während die Knechte Frengs die Frankenkrieger über den Strom brachten, lud der Ferge den Kaiser zum Willkommensmahl ein. In der Meinung, es könne nichts Besonderes sein, was ein armer Fährmann seinem Herrscher anzubieten hätte, lehnte Karl dankend ab. Da drängte Freng seinen hohen Gast, wenigstens einen Becher Wein mit ihm zu trinken. Um das Gesetz der Gastfreundschaft nicht zu brechen, trank der Kaiser. Der Wein schmeckte ihm aber so gut, daß er verwundert fragte, von welchem Händler er ihn gekauft habe. Freng antwortete mit sichtlichem Stolz, daß er den Wein nicht erworben, sondern in seinem eigenen Weingarten angebaut habe. Der Kaiser belohnte Freng fürstlich und gebot ihm, jedes Jahr ein Faß Wein in seine Regensburger Residenz zu bringen. Die Ansiedlung aber benannte er nach dem Namen des Fährmanns. Seitdem hat Frengkofen seinen Ortsnamen.

Fendl 1973

49

Die feurigen Männer aus dem Donaustaufer Altwasser

Einmal fuhr ein kleines Mädchen aus Frengkofen mit seinen Eltern nach Regensburg auf den Markt. Als sie am Altwasser zwischen Donaustauf und Tegernheim vorbeikamen, standen dort lauter „fairige Manna". Sie hatten eine menschliche Gestalt, glühende Augen, und über dem Kopf gingen Flammen hoch. Die feurigen Männer setzten sich sogar auf den Wagen und fuhren bis zur Stadtgrenze mit. Dort sprangen sie vom Wagen und liefen wieder in das Altwasser zurück.

Schlicksbier

Die Katze im Altwasser

Als einmal eine Frau aus Frengkofen auf den Markt in Regensburg fuhr, hörte sie beim Donaustaufer Altwasser eine Katze jämmerlich schreien. Sie hielt an und ging in das Altwasser. Je weiter sie hineinging, desto weiter im Wasser war die Stimme der Katze. Da begegnete ihr plötzlich ein Mann und fragte die Frau, was sie will. Als sie dem Fremden ihre Absicht mitgeteilt hatte, meinte dieser: „Frau, geha s der Katz ned nooch, dös bedaidd nix Guadds. Sie kema nimma außa." Da kehrte die Frau um und fuhr nach Regensburg weiter.

Schlicksbier

Der Hausgott

Im Gäuboden lebte einmal eine reiche Bäuerin, deren Hab und Gut von Tag zu Tag abnahm, während das ihrer Nachbarin zusehends anwuchs. Weil sie sich das nicht erklären konnte, ging sie zu ihr und sagte: „Liebe Nachbarin, ich wundere mich. Ihr seid zwei arme Leute und bringt es zu etwas, während es bei mir hinten und vorne nicht langt. Was hat das für einen Grund?"

Die Nachbarin sprach: „Das ist schnell erklärt. Ich habe einen Heiligen, den trage ich alle Tage morgens und abends durch Haus und Hof. Ich könnte ihn dir schon einmal ausleihen." Sie ging in ihre Kammer, band eine kleine Holzfigur des heiligen Leonhard in ein Tuch und gab es der Ratsuchenden.

Als nun die unglückliche Bäuerin mit diesem Hausgott jeden Morgen durch ihren Hof ging, bemerkte sie hier das und dort jenes, was besser zu machen war und ließ es ändern.

Schon in kurzer Zeit lief auch bei ihr alles wie am Schnürchen, und sie brachte den Hausgott wieder zurück und bedankte sich.

Die Nachbarin aber gab ihr eine Lehre: „Ich will dir ehrlich sagen: der Hausgott war nur eine Holzfigur des heiligen Leonhard." Als die erste ungläubig dreinsah, sagte die Nachbarin: „Du hast deinen Knechten und Mägden vertraut und bist immer brav auf deinem Stuhl hocken geblieben. Merk dir: Die Bäuerin muß selber Magd sein, wenn sie ihr Sach ordentlich beisammenhalten und es zu etwas bringen will!"

Fendl 1977

Spatzenplage

Im Gäuboden war einmal eine schlimme Spatzenplage. Als ein Bauer ausritt, um nach seinem Weizenfeld zu sehen, merkte er, daß die Spatzen alle Ähren ausgepickt hatten.

Da hob er die Hand fluchend zum Himmel auf und schimpfte: „Wenn nur der Teufel gleich alles holen würde!"

Seitdem ist der Bauer spurlos verschwunden. Nur sein Pferd kam am Abend schweißgebadet nach Hause.

Fendl 1973

Wie das Vaterunser einen Bauern rettete

Eines Tages ging ein Gäubodenbauer aufs Feld, weil er das Unkraut aushauen wollte. Während er so arbeitete, brach ihm die Hacke ab. Er fluchte sehr, weil es ein neugekauftes Stück war. Auf einmal bebte die Erde und der Teufel erschien. Es stank nach Feuer und Schwefel.

Der Bauer zitterte vor Angst. Dann sank er auf die Knie und haspelte schnell das Vaterunser herunter. Gleich darauf kam ein Engel mit einem feurigen Schwert. Der Gottesbote schlug auf den Teufel ein. Der aber stampfte vor Wut den Boden, weil er die Seele nicht mehr mitnehmen konnte. Daraufhin kehrte der Satan wieder in die Hölle zurück.

Der Bauer aber lief so schnell er konnte nach Hause zu seiner Frau und erzählte ihr, was er draußen auf dem Feld erlebt hatte.

Fendl 1973

Der feurige Hund auf dem Lauser

Wanderer, die des Nachts auf der alten Straße von Geisling nach Pfatter unterwegs waren, sahen bisweilen seltsame Lichtkugeln durch das Riedgras hüpfen oder auf den Weidenstrünken sitzen. Oft waren diese Erscheinungen von einem Stöhnen und Seufzen begleitet, das anschwoll und abnahm, um dann gleich wieder verstärkt loszubrechen. Manch einer wollte sogar einen feurigen Hund gesehen haben, der vor ihm einherlief, plötzlich verschwunden war und dann unversehens wieder auftauchte.

Besonders häufig konnte man diesen Erscheinungen auf dem sogenannten Lauser begegnen. Denn dort stand jahrhundertelang eine Richtstätte des Pflegeamts Haidau-Pfatter, und mancher Unhold (und wohl auch mancher Unschuldige) war dort vom Leben zum Tode befördert worden.

Fast immer verschwand der Spuk, wenn man ein paar Vaterunser für die armen Seelen betete.

Fendl 1973

Der Schatz im Auer-Grab

Nachdem 1334 eine ganze Auer-Generation aus der freien Reichsstadt Regensburg vertrieben worden war, setzte sich dieses streitbare Geschlecht in einem Kranz von Burgen rund um die Stadt fest.

1375 starb Wirnt der Auer von Triftlfing und ließ sich in der von ihm reich beschenkten Kirche Geisling begraben. Schon bald darauf wollte man wissen, daß er zumindest einen Teil des Auerschen Vermögens mit ins Grab genommen habe.

Es scheint nun nicht verwunderlich, daß sich trotz der Heiligkeit des Ortes Schatzgräber nicht davon abhalten ließen, seine Grablege in räuberischer Absicht zu untersuchen. Aber jedesmal, wenn die Frevler darangingen, den schweren Stein zu heben, fing die große Glocke auf dem Turm der Kirche zu läuten an, und so waren die Räuber gehalten, möglichst schnell das Weite zu suchen.

Als der Stein 1793 an die Außenmauer der Kirche versetzt wurde, unterließ es Pfarrer Greis, nach dem Schatz zu suchen, — damit die Arbeit des „Marmorierers" nicht beeinträchtigt wurde, der zu dieser Zeit mit der Fassung der Altäre beschäftigt war. Der Auersche Schatz müßte also noch immer in der Geislinger Kirche vergraben sein.

Fendl 1977

Der Reitplatz

Auf dem sogenannten Reitplatz, einer Waldabteilung bei Klapfenberg (Gemeinde Grafenwinn) galoppierten Pferde ohne Köpfe auf sonntägliche Pilz- und Beerensucher zu und verschwanden plötzlich in leichtem Nebel, wenn die Leute erschrocken zur Seite springen wollten.

Jehl 1954 / Pöppl / Koch

Die Bäuerin und der Teufel

In Griesau lebte einmal eine unverheiratete Bäuerin, die war im ganzen Dunkelboden dafür bekannt, daß sie den besten Rahm landauf landab hatte und es ihr daran zu keiner Zeit mangelte. Sie brauchte nur drei Finger in die Milch zu tauchen, und schon war diese zu wohlschmeckendem Rahm geworden.

Als die Bäuerin eines Tages auf dem Sterbebett lag, sahen die Dorfleute einen seltsamen Gesellen um ihren Hof herumschleichen und anscheinend auf das Ableben der Bäuerin warten. Kaum hatte sie den letzten Seufzer getan, da schnappte sich der Teufel — denn kein anderer war der fremde Besucher — ihre Seele und hielt sie fürs erste unter der Römerbrücke bei Herfurth fest.

Damals konnten die Fuhrleute ihre Pferde kaum über die Brücke zwingen. Schnaubend und prustend stemmten sie sich gegen eine unsichtbare Macht. Erst sieben Wochen nach dem Tode der Bäuerin schien der Bann seine Kraft verloren zu haben.

Man sagt, der Teufel habe die arme Seele in eine andere Gegend verzogen.

Fendl 1973

56

Das Haidauer Nachtgjaid

Früher durften Buben und Mädchen in der beginnenden Nacht nicht mehr unterwegs sein. Spätestens beim „Betläuten" mußten sie ihre Beine unter dem Tisch haben. Schlug ein Kind über die Stränge, mußte es sich zu Hause auf ein Donnerwetter oder die „birkene Liesel" gefaßt machen, — vorausgesetzt, es kam überhaupt noch nach Hause.
Denn manchmal packte das Haidauer Nachtgjaid die Unbotmäßigen und trug sie über die „langen Halme" (den Wald) davon. Da konnte man bis nach Pfatter oder Griesau mitgeschleppt werden und noch vom Glück sagen, wenn man nicht jenseits der Donau abgesetzt wurde; — denn damals gab es keine Brücke zwischen Straubing und Stauf.
Manche freilich, die auch vom Nachtgjaid mitgenommen worden waren, sind nie mehr wiedergekommen.

Fendl 1973

Ungerechte Teilung

Auf einem Hof des ehemaligen kurfürstlichen Landgerichts Haidau war der alte Bauer, ein Wittiber, gestorben und hatte zwei unverheiratete Töchter hinterlassen. Die eine hatte keinen Mann bekommen, weil sie von Geburt an blind war, und die andere zeigte keine Freude an der Liebe, sondern nur an der klingenden Münze.
Und klingende Münzen hatte der alte Bauer in solchen Mengen vererbt, daß die beiden Schwestern übereinkamen, sie gar nicht erst zu zählen, sondern gleich metzenweise untereinander aufzuteilen.
Die ältere der beiden, die Sehende, füllte das Geschirr jeweils bis zum Rande, die jüngere, die Blinde, ging dann mit einem Maurerholz darüber, damit die eine wie die andere das gleiche gestrichene Maß bekäme.
Dagegen wäre nichts einzuwenden gewesen, hätte nicht die ältere jedesmal, wenn sie ihrer Schwester zumaß, den Metzen umgedreht und auf seinen Boden nur eine handvoll Taler aufgelegt, von denen dann die meisten von der Blinden wieder abgestreift wurden. So war es geschehen, daß die ältere Schwester

durch diesen Schwindel fast die ganze Erbschaft an sich gebracht hatte. Sie verfiel auch fortan auf keinen anderen Gedanken mehr als den, wie das Geld am sichersten zu hüten wäre.
Am besten dünkt ihr, die Taler und Dukaten in den Strohsack
zu stecken, auf dem sie sich des Nachts und — aus Angst, die
könnten ihr gestohlen werden — bald auch des Tags unruhig
hin und her wälzte.

Mit der Zeit wurde sie schließlich krank und kränker, und eines
Tages trat der Sensenmann in ihre Schatzkammer, nahm das
habgierige Weib an der Hand und führte es fort. Trotz der Eile,
die Gevatter Tod an den Tag legte, hatte sie sich aber noch den
schweren Geldsack aufbürden und ihn mitnehmen können.
Aber in der Nacht darauf kam sie wieder, keuchend unter der
drückenden Last, streifte durch Haus und Hof, über Felder und
Wege, um dann beim Morgengrauen wieder spurlos zu verschwinden.

Diese grausige Wanderung vollzieht sich seither jede Nacht.
Aber einmal im Jahre schlüpft durch eine schadhafte Stelle des
Sackes ein blinkender Taler, kollert die Straße entlang, fällt in
eine Ackerfurche oder springt in der Stube unter den Tisch.

Erst wenn die letzte Münze aus dem Sack gerutscht ist, — so
glaubt man in jenem Dorf — wird das habgierige Weib seine
Ruhe haben und die arme Seele erlöst sein.

Fendl 1973

Die Sage vom Teufel als Helfer

Auf einem Einödhof am Zeiler übte ein gewisser Reichhardt das zwar anrüchige, aber nicht ehrlose, ja vielfach oft mit Vorrechten ausgestattete Gewerbe eines Wasenmeisters aus, zu dessen Obliegenheiten das Hinwegschaffen gefallener oder verendeter Tiere aus einem bestimmten Gebiet gegen festgesetzte Gebühren zählte. Sogenannte abgestandene Tiere, das heißt wirtschaftlich wertlos gewordene Tiere, mußten an ihn abgeliefert werden.

So wurde ihm einmal ein alter Ackergaul übergeben, mit dessen Lebenskraft es sichtlich zu Ende ging. Mit fachkundiger Hand gab er ihm den Gnadenstich und lud das tote Pferd auf seinen Schinderkarren auf, spannte sein Bräunl davor und fuhr zur Nachtzeit nach Regensburg. Dort wollte er dem Roßmetzger gegen geringe bare Münze die Pferdeleiche überlassen. Bei Hardt überquerte er das Tal der Schwarzen Laber, um dann am jenseitigen Ufer steil bergauf über das „Gstoi" nach Eilsbrunn und weiter nach Regensburg zu ziehen. Auf dem „Gstoi" aber blieb der Schinderkarren stecken und weder gute Worte noch harte Peitschenhiebe auf das Bräunl, auch nicht die Mithilfe Reichhardts durch kräftige Griffe in die Radspeichen, vermochten den festgefahrenen Wagen wieder in Fahrt zu bringen. Kein Fahrzeug kam ihm entgegen, das ihm hätte Vorspann leisten können. So fluchte er, wie eben ein Schinderknecht nur fluchen kann. Schließlich rief er in seiner maßlosen Wut: „Wenn nur der Teufel käme und einspeichen würde!" Plötzlich kam da eine Mannsgestalt auf den Wagen zu, griff mit dem Schinder in die Speichen und siehe da, auf einmal ging's. Die beiden Männer mußten sich beeilen mitzukommen. Als der Berg überwunden war, wollte der Schinder seinem unbekannten Helfer danken, doch der war bereits wieder verschwunden. Bis zu seinem Lebensende glaubte der Abdecker daran, daß es der Teufel war, den er in seiner Wut gerufen hatte.

Motyka, Sinzing 1987

Bonifatius weiht das Bergleutkirchlein

Der Apostel Deutschlands, Bonifatius, hatte eine weite Reise hinter sich. Er kam von Rom her nach Regensburg, um das neuerrichtete Bistum zu besuchen. In der Herzogsburg war er Gast. Er wollte sich auch für die Ländereien bedanken, die der Herzog an das Bistum und an die vielen gegründeten Klöstern gegeben hatte.

Zur Ehre des hohen Gastes wurde eine Jagd im Frauenforst angesetzt. So kam der Jagdtroß auch zur Siedlung Hauenried. Ein frommer Einsiedler hatte dort gute Arbeit im Weinberg des Herrn geleistet und die armen Holz- und Bergarbeiter bekehrt. Freilich, die Kapelle hatte noch den heidnischen Ruch an sich, darum bat er den großen Gottesmann zum frommen Gebete dort einzukehren und den Segen Gottes und des Papstes auf das Kirchlein herabzuflehen. Bonifatius kam dieser Bitte gerne nach, während das Glöcklein die Gläubigen zusammenrief.

Er empfahl die Kapelle und all die Gläubigen dem Hl. Bischof Nikolaus, dem Retter der Armen. Er ist heute noch der Patron der Kirche. Nach dieser Zeremonie verließ der Heilige wieder die Siedlung.

Motyka

Ein Fußboden rollt sich auf

In Hauzendorf wohnten einst in einem kleinen Haus alte Leute. Als sie wegstarben, begann es in dem Gebäude zu weizen. Da beschlossen ein paar junge Burschen, die von Gespenstern nichts hielten, der Sache auf den Grund zu gehen. Als es Nacht wurde, betraten sie das Haus und machten es sich in der Stube gemütlich. „Das wollen wir sehen, ob es hier weizt", meinten sie und warteten. Als es Mitternacht wurde, begann plötzlich ein großes Gepolter und Lärmen. Fast meinte man, jeden Augenblick würde das Haus einstürzen. Und auf einmal begann sich der Fußboden der Stube aufzurollen, erfaßte die Burschen und warf sie alle zum Fenster hinaus. Nach diesem Vorfall traute sich niemand mehr in das Haus. Bald darauf riß man es ab.

Schlicksbier

Der Graf mit dem Schimmel

Als der Graf von Hauzenstein gestorben war, ritt er des Nachts immer mit einem Schimmel aus dem Friedhof heraus. Der Mesner und der Pfarrer beschlossen einmal, ihn genauer zu beobachten. Sie stellten sich ins Leichenhaus. Bald kam der Graf in wildem Ritt daher. „Euer Glück ist es", rief dieser vom Pferd, „daß ihr da drinnen steht. Sonst würde ich euch mitnehmen."

Schlicksbier

Der Wassermann

Zu dem armen Müller in Heilinghausen kam jede Nacht ein gutmütiger alter Wassermann aus den Fluten des Regens und half ihm in der Mühle arbeiten. Gerne setzte er sich auch mit den zwei Müllersleuten an den Abendtisch und aß hungrig und mit größtem Appetit die weiße Suppe und die ärmliche Kartoffelkost mit. Den schwarzen Kater des Müllers aber fürchtete er und nie traute er sich in die Stube, wenn der Peter auf der Ofenbank saß. Einmal setzte ihm die Müllersfrau im Spaß die Katze von hinten ins Genick. Da erschrak er furchtbar, lief schreiend zum Regen hinunter, tauchte ins Wasser und ließ sich nie mehr sehen.

Jehl 1954 / Pöppl / Koch

Die Drud

Einen Heilinghauser Bauern drückte eines Nachts die Drud ganz erbärmlich. Er schrie um Hilfe und sprang aus dem Bett. Da war der Quälgeist verschwunden und nur eine schwarze Hühnerfeder lag auf dem Stubenboden. Diese hob er auf, ging hinaus und schlug sie mit dem Dengelhammer vor Wut in lauter Fetzen. Am anderen Morgen kam ein altes Dorfweib ganz zerschlagen und zerschunden herein und wollte den Wetzstein zu leihen nehmen. Da wußte der Mann, wer ihn als Drud gemartert hatte. Und von der Stunde an hatte er Ruhe.

Jehl 1954 / Pöppl / Koch

Der Burggeist

Es geht die Sage, daß ein Burggeist das Tal und die Wanderer in der Geisterstunde beunruhige. Der Geist werde erst erlöst, sobald eine aus dem Wartturm entsprießende Tanne so groß geworden ist, daß man aus ihr Bretter zu einer Wiege sägen könne. In diese Wiege müßte man einen Knaben legen, der Priester werden müßte. Der Neugeweihte kann dann mit seinen Gebeten den Burggeist erlösen.

Hausladen 1894 / Kerscher

Die Jungfrau vom Pangerlschloß

Auf der Mauer des in Trümmern liegenden „Pangerlschlosses" bei Frauenzell (auch Heilsberg genannt) sah man öfter eine Jungfrau sitzen, die sich die Haare flocht. Ein junger Bäckerbursche, der zur Mühle ging, sah die Jungfrau. Er fragte die Mühlburschen nach dem Mädchen. Die sagten, das wäre ein Geist. Der Bäckerjunge wollte die Jungfrau erlösen. Er nahm sich ein Herz und fragte sie, warum sie sich immer kämme. „Schon viele", erwiderte sie, „sind an mir vorübergegangen, aber keiner noch hat mich gefragt. Ich werde dir alles sagen, wenn du tust, was ich von dir verlange, um erlöst zu werden." Er versprach alles.

In der ersten Nacht erschien die Gestalt vor dem Bett des Bäckerburschen und bat ihn, er solle um die Mittagsstunde zu dem alten Baum beim Schlosse kommen. Den Tag könne er selbst bestimmen, er dürfe sich Leute mitnehmen; doch niemand solle ein Wort sprechen. Er selbst müsse sich die Augen verbinden. Wenn es zwölf Uhr schlage, so werde er unter dem Baume vermeinen, es gehe die ganze Welt zugrunde, soviel Lärm werde entstehen. Er solle sich aber nicht fürchten; denn ihm geschähe nichts. Danach werde eine Schlange an ihm hinaufkriechen. Wenn diese mit dem Kopf an seiner Brust sein werde, solle er beide Arme um sie schließen, aber nichts reden und nicht die Augen öffnen, bis die Schlange zu reden begänne. Dann werde sie vor ihm stehen in ihrer früheren Gestalt als Tochter des Schloßherrn. — Der Bursch versprach alles zu tun. — Er stellte sich am folgenden Tage mit verbundenen Augen zu dem Baum,

Kameraden bildeten einen Kreis um ihn. Als es zwölf Uhr schlug, entstand ein fürchterliches Krachen, als sollte alles zugrunde gehen. Der Junge hielt aus. Auf einmal kroch an ihm die Schlange hoch. Als sich ihr Kopf seiner Brust nahte, wollte er sie umfangen. Da vergaß er das Verbot und öffnet die Augen. Er und alle anderen meinten, als stände alles ringsum in Flammen. Sie hörten ein Wehklagen. Betäubt gingen alle nach Hause. Der Bursche starb aus Gram über seine Neugier. Die Jungfrau aber wurde nie mehr gesehen.

Hemrich 1977 / Festschrift 1980 / Häusler

Die guten Männlein

In einer wilden Gewitternacht fuhr der Müllersknecht aus dem Schlafe empor, um im Stalle nachzusehen. Die Tiere standen bereits kniehoch im Wasser. Rasch lief er in die Mühle, um Hilfe zu holen und das geängstigte Vieh in die höhergelegene Scheune zu bringen. Aber was sah er da? In der Mühle wimmelte es vor lauter kleinen, langbärtigen Männlein, die mit emsigem Fleiße die Geschäfte rühriger Mühlknappen versahen. Sprachlos starrte er einige Minuten in das lebhafte Hin und Her. Er schloß leise die Tür und ging zitternd an allen Gliedern in die Wohnung hinüber. Dort fand er seinen Herrn im tiefsten Schlafe und die Müllerin händeringend vor Angst. Nach langem Zureden half sie ihm, das arme Vieh aus dem Stall zu bringen. Von seiner seltsamen Entdeckung verriet der Knecht nichts. Seine ursprüngliche Furcht vor dem geheimnisvollen Treiben in seines Herrn Mühle verwandelte sich bei dem leichtfertigen Burschen in eine freche Tat. Er wollte nämlich einige der winzigen Mühlknappen fangen und legte tagsüber in der Mühle Drahtschlingen aus. Dann lauerte er. Als in der Nacht die Helfer wieder am Werk waren, übertönte plötzlich ein Angstschrei den Lärm des Räderwerks. Der Knecht stürzte in die Mühle. Wirklich hatte sich ein armes Kerlchen in einer Schlinge gefangen. Alle übrigen waren auf und davon.
Hohnlachend packte der Knecht das Männlein, trug es in seine Kammer und sperrte es in seine Truhe. Als der Müller nach Sonnenaufgang wach geworden war, brachte ihm der lose Bur-

sche das Männlein und erzählte, wie er zu ihm gekommen sei. Der Müller war zu Tode erschrocken. Er liebkoste und streichelte das Männlein und setzte es auf einen Tisch. Wie der Blitz aber sprang es zu Boden und schlupfte zum offenen Hühnerloch hinaus. Kein Mensch hat von dieser Stunde an ein Zwerglein mehr gesehen. Der Knecht aber bekam die schwarzen Blattern und mußte sterben. Die braven Müllersleut hingegen lebten in Glück und Wohlstand bis an ihr seliges Ende.

Wer in später Nachtstunde die schauerlich einsame Wildbachschlucht durchwandert und aufmerksam horcht, der kann aus den zerklüfteten Steinwänden und Felsenlöchern ein Wispeln und Lispeln, ein Raunen und Tuscheln vernehmen, als ob furchtsame und heimlichtuende Menschen beisammen wären — die Zwerglein von der Heilsbergmühle.

Hemrich 1977 / Festschrift 1980 / Häusler

Die Waldzwerglein in der Heilsbergmühle

Ein Stündchen nordwärts vom Pfarrdorf Wiesent, gleich unterhalb der Bergruine Heilsberg, lag in tiefster Waldeinsamkeit am rauschenden Wildbach eine uralte Mühle mit niedrigem Dach. Hier hausten einst, manche hundert Jahr mag es schon her sein, brave, gottesfürchtige Müllersleut. Aber aus ihrer Mühle hörte man nur selten das lustige Klappern, weil die stolzen Burgvögte der Gegend und die großen Bauern ihr Getreide lieber beim reichen Dorfmüller mahlen ließen, als ob sie dort mehr und besseres Mehl bekommen hätten! Dazu kam noch, daß bei den häufigen Burgbelagerungen die armselige Mühle jedesmal gründlich ausgeplündert wurde. So ging es mit den armen Müllersleuten trotz Arbeit, Beten und Seufzen immer mehr und mehr abwärts. Eines Tages, als die Not der Müllersleute am größten war, brachten doch wieder benachbarte Kleinbauern einige Säcke voll Hafer und Korn zum Mahlen. Der Müller hatte sich mit seinem Kleinknecht den ganzen Tag auf seinem steinigen Feld abgerackert und kam abends todmüde nach Hause. Als er aber im Hausflur die Getreidesäcke stehen sah, da flog ein Blick des heißesten Dankes zum Himmel empor. Nur ein bißchen ausruhen wollte er in der Mühlkammer, dann wieder frisch und munter an die Arbeit gehen und die ganze Nacht in der Mühle mit unverdrossenem Fleiß schaffen. Längst schon war die schwarze Nacht in das Wildbachtal herabgesunken, und der müde Müller schnarchte noch immer wie ein Holzsäger in seiner Kammer. Aber horch! Plötzlich rauschte das Wasser und setzte das Mühlrad in Bewegung, daß es ächzte und knarrte. In der Mühle klapperte es so lustig und die brave Müllerin wunderte sich über den emsigen Fleiß ihres abgearbeiteten, hungrigen Mannes. Als der Tag zu grauen begann, wurde es auf einmal still in der Mühle. Nun erwachte auch der Müller, merkte, daß er gänzlich verschlafen hatte, schlug sich zornig an die Stirn und nannte sich selber einen Faulpelz. Dafür wollte er aber jetzt werkeln, daß es eine Art war. Also schnell das Getreide in die Mühle! Allein wie vom Blitz getroffen prallte er im Hausflur zurück — kein einziger Sack stand mehr da! Gestohlen? Mit wankenden Knien ging er in die Mühle. Um Gottes willen! Da standen die Säcke voll des herrlichen Mehles. Kopfschüttelnd und grübelnd ging er in die Stube und aß nachdenklich die Milchsuppe, die ihm heute sein wackeres Weib zur Belohnung des nächtlichen Fleißes statt der üblichen Wasserschnalze vorgesetzt hatte. Dann ging er wieder schweigend aufs Feld hinaus.

Als die Bäuerinnen der Nachbarschaft das Mehl bekommen hatten, waren sie voll des Staunens über die Ausgiebigkeit des Mehles. Noch nie hatten sie so gutes Brot gebacken und gegessen. Die Kunde hiervon verbreitete sich schnell. Der Müller bekam von nun an in einer Woche mehr zu mahlen als sonst in einem ganzen Jahr. Wenn er tagsüber in Feld und Mühle mit gewohntem Fleiß herumhantiert hatte, fiel er abends stets in einen solch tiefen, fast todesähnlichen Schlaf, daß er bis nach Sonnenaufgang nicht mehr aufwachte. Und trotzdem war jeden Morgen die Mahlarbeit vollständig getan.

Die Müllerin, die an einem Sonntag das Geheimnis durch ihren Mann erfuhr, getraute sich keinen Schritt mehr aus ihrer Stube, sobald das Rauschen und Klappern in der Mühle begann. Sie hielt die ganze Geschichte für ein teuflisches Werk und opferte an einem der nächsten Marienfeste in der Pfarrkirche in Wiesent eine geweihte sechspfündige Kerze.

Festschrift 1980

Die Entstehung der Stadt Hemau

In den Wäldern zwischen Altmühl und dem linken Donauufer herrschte einst das Geschlecht derer von Hem. Seinen Sitz soll es in dem Dörfchen Schacha gehabt haben. Langsam starb das Geschlecht aus; nur noch zwei Schwestern waren die letzten ihres Stammes. Sie waren sehr fromm und taten stets gute Werke. Einen Wunsch hatten sie, darum baten sie den Herrgott, daß er sie gemeinsam sterben lassen möge. An die Bevölkerung hatten sie den Wunsch vorgetragen, wenn sie einmal gestorben sind, so sollen die Särge von zwei jungen Stieren gezogen werden und wo diese stehen bleiben, wollen sie ihr Grab haben. Der Himmel erhörte ihre Bitte und eines Morgens fand man beide Schwestern friedlich entschlummert. Die Bevölkerung holte zwei junge Stiere und stellte auf einen Wagen die Särge. Die Tiere zogen den Leichenwagen bis zu einem Hügel. Hier wurden die Schwestern begraben und eine Kapelle erbaut. Immer mehr Gläubige siedelten sich an und es entstand auf dem sogenannten Münchsberg die Ortschaft Hembaur.

Müller 1861

Der Hessenweiher bei Hemau

Wer von Hemau die Riedenburger Straße entlang geht, erreicht in etwa 20 Minuten den Laubenhardtforst. Einige Schritte rechts abseits liegen stillträumerisch drei Weiher, wovon einer der Hessenweiher genannt wird.

Zur Zeit des Dreißigjährigen Krieges rückten von Riedenburg her hessische Truppen an, um sich in und um Hemau einzuquartieren. Die Landsknechte, mit Eisenpanzern, Schwertern, Spießen und Feuerrohren bewaffnet, hatten an der Spitze Trommler und Querpfeifer. Zwei Querpfeifer nisteten sich im ehemaligen Laubenhardthofe ein, verlebten aber mit ihren Kameraden den lieben langen Tag bei Kanne und Würfel in der Schwedenschenke zu Hemau. Ihre Trunksucht war so groß, daß die Bräuer nicht genug Bier herbeischaffen konnten.

Einmal nun gingen die beiden Querpfeifer in später Nachtstunde stark betrunken nach Hause und verirrten sich in dem Forste. Dichter Nebel legte sich über das Gehölz. Kaum fünf

Schritte mehr konnte man sehen. Die Betrunkenen tasteten mühselig weiter, verfingen sich im Gesträuch, stolperten über die Baumwurzeln und plumps, fielen sie in den tiefsten Weiher, worin sie jämmerlich ertrinken mußten.

Seitdem heißt der Weiher Hessenweiher und heute noch hört man in der Geisterstunde schrillende Weisen und das wehmütige Wimmern der Verunglückten. In Mondnächten steigen aus dem Wasser die entseelten Querpfeifer, angetan mit ihrer Rüstung und erheben mit ihren Pfeifen ein lautes Klagegetön, das untermischt ist vom Unkengequake und dem Schrei der Nachtvögel.

Rammelmaier 1930 / Posset

Erscheinungen am Römerbrückl bei Herfurth

Vor fünfzig Jahren wußten es noch alle Pfatterer, Griesauer und Gmünderer, daß es am Römerbrückl weizte. Die Kinder getrauten sich nicht einmal am hellichten Tag in diese Gegend, denn der große feurige Hund, der in den Erzählungen der Väter und Mütter immer wieder zum Vorschein kam, konnte einem dort nicht nur in der Nacht begegnen.

Schlimm wurde es aber erst mit der hereinbrechenden Finsternis. Späten Pilgern erschien oft ein feuriger Mann, der nicht von der Seite wich, bis man für die armen Seelen ein paar Vaterunser gebetet hatte.

War man mit den Pferden unterwegs, so wurde in der Nähe des unheimlichen Ortes ihre Last immer drückender. Die Rosse stampften den Boden, schnaubten und keuchten und waren in kurzer Zeit völlig naßgeschwitzt.

Mancher wollte wissen, daß dort auch hin und wieder der Hörndlmeier selber anzutreffen war, vor allem dann, wenn er Möglichkeiten witterte, Einfluß auf einen Menschen zu gewinnen.

Kein Wunder, daß das Römerbrückl mied, wer nur konnte!

Fendl 1973

Der Ranzenmann aus Regenstauf

Eines Tages kehrte ein Mann mit einem Ranzen im Wirtshaus zu Hirschling ein. Er kam aus der Richtung von Regenstauf und wollte Stockenfels zu. Es war an einem heißen Augusttag, just zur Erntezeit. Der Gast, den die Wirtin für einen Gerichtsdiener hielt, stellte den Ranzen unter die Bank. Er war hungrig geworden und verlangte von der Wirtin eine Maß Bier und eingeschlagene Eier. Während nun die Wirtin in der Küche tätig war, ging der Fremde mit seinem Maßkrug in den Garten und legte sich in den Schatten eines Apfelbaumes; denn in der Stube waren ihm die Fliegen lästig. Die neugierige Wirtsfrau benützte die Gelegenheit und guckte in den Ranzen. Da schlüpfte ein schwarzer Vogel mit glühenden Augen heraus und enthuschte durchs offene Fenster. Er flog geradeaus der Burg Stockenfels zu. Die Wirtin atmete erleichtert auf und schenkte dem Fremden, der eben zur Türe hereintrat und große Augen machte, gerne die Zeche. Der aß und trank noch gehörig und machte sich dann wohlgemut auf den Heimweg nach Regenstauf.

Jehl 1954 / Pöppl / Koch

Die wilde Jagd (Nachtgoich)

Ein Arbeiter aus Hirschling ging nachts von seiner Arbeitsstätte Maxhütte heim. Als er den Berg herabkam und sein Dörflein im Mondenschein liegen sah, setzte plötzlich ein ungeheurer Lärm ein. Über ihm in den Lüften jagte das Nachtgoich dahin. Pferdegewieher, Hundegebell, Katzenmiauen, Geschrei der Jäger und anderes mehr vermischte sich zu furchterregendem Getöse. Schwarze Wolkenfetzen verdunkelten den Mond. Der nächtliche Wanderer warf sich zu Boden und so konnte ihm die wilde Jagd nichts anhaben. Als sich der verängstigte Mann erhob, sah er das Nachtgoich über Regen und Forsthaus Süßenbach hinweg im Gailenberg verschwinden. Noch an allen Gliedern zitternd eilte er seinem Hause zu und erzählte daheim von dem aufregenden Erlebnis.

Jehl 1954 / Pöppl / Koch

Der Pestvogel

Zu Hochdorf hauste früher die Pest einmal sehr schlimm. An diesen bösen Gast erinnert das im Dorfe stehende, zu Ehren des Pestpatrons Sebastian erbaute Kirchlein sowie die von den alten Leuten noch manchmal erzählte Sage vom Pestvogel. Dieser Vogel soll einem schwarzen Storch ähnlich gewesen sein, doch habe sein Gefieder auf dem Rücken ein weißes Kreuz gezeigt. Auch sollen seine Augen ganz feurig geglänzt haben. Der Sage nach saß das unheimliche Tier während des Tages versteckt in einem abgelegenen Winkel. Mit Anbruch der Dunkelheit kam es jedoch regelmäßig daraus hervor, setzte sich auf den First eines Hauses und rief ununterbrochen während der ganzen Nacht:
Ui, ui, ui — Ai, ai, ai,
Von hundert bleiben drei!
Seine Stimme soll sehr traurig geklungen und die Bewohner des ganzen Dorfes jedesmal in die größte Aufregung und Furcht versetzt haben; denn bald nach seinem Erscheinen brach stets die Pest aus. Die von ihm angekündigte Krankheit raffte immer einen großen Teil der Bevölkerung dahin.

Rappl 1956 / Eichenseer

Erlebnis in einer Losnacht

Der alte Schneider von Hochdorf hat es erzählt, und er hat es von seinem Ahnherrn gehört, der es selbst erlebt hatte.
Sein Ahnherr ist einmal in einer Lusnacht (Losnacht) an einem Kreuzgang gegangen, so gegen 11 Uhr in der Nacht. Er hat einen Zwurgl (Stecken, an einem Ende etwas gespalten und in diesen Spalt hatte er ein Stück Dreikönigskreide gesteckt) mitgenommen und mit ihm in der Kreuzung einen Kreis gezogen. In diesen Kreis hat er sich hineingestellt und gewartet. In der zwölften Stunde kam plötzlich ein mit Heu hochbeladener Wagen, gezogen von vier schwarzen Pferden, rasch und schnurstracks auf ihn zugefahren. Da hat er vor Angst geschrien und ist auf die Seite gesprungen. Dies war sein Fehler; denn er hat den schützenden Kreis verlassen. Statt daß er jetzt hätte einen Schatz heben können, wurde er von geisterhaften Händen und

Fäusten windelweich geschlagen, daß er nicht mehr aufstehen konnte. Die lange finstere Nacht lag er in der Kälte an diesem unheimlichen Ort. Er wäre sicher erfroren, wenn ihn nicht zufällig am anderen Morgen der Jäger gefunden und heimgebracht hätte.

Viele Wochen war er krank und mußte im Bette liegen. Auf einen Kreuzweg und zum Schatzheben aber ist er sein Lebtag nicht mehr gegangen.

Rappl 1956 / Eichenseer

Die Frau und das Irrlicht

Die alte Bloumin von Hochdorf ging einmal im Advent ins Engelamt nach Duggendorf. Wie sie bei Aufenberg ins Tal kam, da schwebten plötzlich drei Lichtlein auf sie zu. Aber die alte Frau war in Gedanken und kümmerte sich nicht um sie. Da wurden die Lichtlein immer mehr, wohl an die hundert an der Zahl. Auf dem Kreuzstein, der am Wege stand, ließen sie sich nieder; die Bloumin ging ruhig weiter. Nun erlosch ein Lichtlein nach dem anderen. Zuletzt hörte die Frau seufzen und weinen und dazwischen eine Stimme: „O weh, sie hat nicht an uns gedacht, nun müssen wir wieder wandern, lange, lange, bis wir Erlösung finden."

Erst hernach ist es der Bloumin eingefallen, daß dies arme Seelen waren und daß sie ihnen hätte leicht helfen können. Sie hätte bloß ein Vaterunser für sie zu beten brauchen, dann wären diese erlöst gewesen. Aber jetzt war es schon zu spät, und dies hat der alten Frau recht leid getan.

Rappl 1956 / Eichenseer

Das Wildgoich im Modltal

Es ist schon über fünfzig Jahre her und die alte Wittlin war noch ein strammes junges Leut. Sie diente auf dem Widenhof. In der Fasenacht ging sie mit einer Kameradin und einigen Burschen von der Tanzmusik heim. Wie sie ins Modltal kamen, da ging plötzlich ein Rumpeln und Getöse an, wie wenn alle Wetter losgeworden wären. Gedonnert und gekracht hat es, und dazu hat der Wind geblasen, wie wenn er alles mitnehmen wollte. Dazu haben die Hunde gebellt und die Krähen geschrien; aber kein Tropfen Regen, kein Schnee, kein Hagel ist dabei gefallen. Selbst die Burschen, die dabeiwaren, haben vor Angst gezittert und haben ein Kreuz geschlagen. Die Kameradin, die mit dabeiwar und die in Mitterbügl diente, getraute sich nicht mehr heimzugehen und blieb auf dem Widenhof. Die Leute haben gesagt, dies wäre das Wildgoich gewesen.

Rappl 1956 / Eichenseer

Die arme Seel auf dem Stadtweg

Früher, als es noch keine Eisenbahn und keine Autos gab, da ging die Traglerin, die Bötin, in der Woche ein- oder zweimal in die Stadt (nach Regensburg) und besorgte für die Leute aus der Gegend die Einkäufe. Die alte Schneiderin war jahrzehntelang die Traglerin von Hochdorf. Lange vor Tag machte sie sich auf den Weg nach Regensburg, und Nacht war es meist schon, als sie wieder heimkam. Auf ihren Gängen hat sie viel gesehen und noch mehr erlebt. In der Allerseelenzeit ist sie einmal auch schon lange vor Tag ihren Weg zur Stadt gegangen. Sie war noch nicht lange außer dem Dorfe, da ist vor ihr immer jemand hergegangen. Ging sie langsam, ging die Gestalt auch langsam, ging sie rasch, dann ging auch das Gespenst rasch. Sie hat geglaubt, in Duggendorf würde es verschwinden, aber unentwegt schritt es vor ihr her. Da wurde es ihr ganz unheimlich, und sie wußte nicht mehr wo aus und an. Dabei war sie schon in die Nähe der oberen Freihung gekommen. Sie hat nicht gewußt, sollte sie weitergehen oder die Leute auf der Freihung aufwecken und bei ihnen bleiben bis der Tag kommt. In ihrer Angst hat sie laut die offene Schuld gebetet. Wie sie damit fertig war, da ist auf einmal von ihrem Schrittmacher nach allen Seiten hin ein Feuer auseinandergegangen, wie wenn es einen Kugelblitz zerrissen hätte, und dann war der unheimliche Begleiter verschwunden.

Rappl 1956 / Eichenseer

Die Teufels-Seige

Wo der Weg im Norden Hofdorfs sich dem Wald nähert, liegt nach den letzten Häusern des Dorfes zur rechten Hand eine schattige, nasse Mulde, die man die Teufels-Seige nennt. Wie sie zu diesem Namen gekommen ist, erzählt man sich in Hofdorf eine mehr als hundert Jahre alte Geschichte.

An einem trüben Sonntagmorgen im späten Herbst war der Gemeindehirt in der besagten Gegend unterwegs, um Besenreisig zu schneiden. Er wollte damit für den langen Winter ein bescheidenes Zubrot verdienen, wenn die kargen Einkünfte vom Hüten versiegten. Denn die Hüter gehörten wohl zu den Ärmsten in einem Dorf, das wie Hofdorf schon von vornherein zum größten Teil aus kleinen Bauern, Gütlern und Häuslern bestand.

Daß der Gemeindehirt aber gerade am Sonntag seiner Arbeit nachging, war für die damalige Zeit schon etwas Gotteslästerliches. Schnell wurde der Bund Birkenreisig größer und größer, als der Hirt hinter sich ein kleines schwarzes Männchen gewahrte. Schritt für Schritt folgte es ihm, immer dichter rückte es zu ihm auf. Da wurde es dem Mann unheimlich und er versuchte, mit seiner Arbeit möglichst schnell fertig zu werden, um von seinem unheimlichen Beobachter fortzukommen. Doch der Hüter war mit seinem Werk kaum fertig, als das schwarze Männlein direkt hinter ihm stand und ihm die knochige Hand auf die Schulter legte. Als er sich umdrehte, sah er ein Paar brennende Augen, die ihn durchdringend anstarrten.

„Was willst du von mir?" stieß der Gemeindehirt in seiner Angst hervor. „Geh heim, heut ist Sonntag!" sprach der Schwarzgekleidete und verschwand.

Dem armen Hüter fuhr es eiskalt den Buckel herunter, und er stürzte Hals über Kopf nach Hause. Allen aber, denen er später sein Erlebnis erzählte, war klar, daß es nur der leibhaftige Teufel selbst gewesen sein konnte, der da erschienen war.

So kam die Teufels-Seige zu ihrem Namen.

Leukam / Schindler

Die Sagen vom Steinkreuz

Auf der Straße von Hohenschambach nach Laaber befindet sich ein Steinkreuz. Drei Sagen werden von diesem Steinkreuz erzählt: Die Muttergottes ging öfters von Frauenberg nach Hohenschambach. Jedes Mal, wenn sie am Kreuz vorbeiging, berührte sie mit ihrem Fuß das Kreuz. Darum soll man früher am Stein einen eingedrückten Fuß gesehen haben. Eine andere Sage erzählt, daß einst ein Ritter von Laaber, der nicht sehr fromm war, dort vom Blitz getroffen wurde und tot vom Pferd stürzte. Auch die dritte Sage handelt vom Ritter zu Laaber, der ein Wild verfolgt haben soll. Als er es beinahe eingeholt hatte, stürzte er vom Pferd und brach sich das Genick.

Motyka 1980

Drachen bei Holzheim

In Holzheim sind noch viele alte Sagen lebendig. Da hat es einst Schrazeln gegeben, kleine Männlein, die in Erdlöchern hausten, und die auch kleinere Kinder mitnahmen, besonders abends nach dem Gebetläuten — so wie anderswo dies das „Nachtmandl" getan hat. Auch Wildgoich, Hexen, feurige Männer und Drachen hat man dort gekannt. Der alte Tafernwirt hat in seiner Jugend selbst einen großen feurigen Drachen mit einem langen feurigen Schwanz über das Dorf fliegen sehen, der dann in einem Kamin verschwunden ist. Mit Vorliebe hat der Drache Milch und Rahm in den Kammern ausgetrunken. Heute könnte ein Drache nicht mehr durch den Kamin ins Haus kommen, weil die jetzigen Kamine eng gebaut sind, aber damals gab es nur die großen weiten Kamine, die „deutschen Kintel", die offen in die Küche mündeten und in denen gleichzeitig auch Fleisch und Wurst geräuchert worden sind.
Ein Drache hauste früher auf dem Blümelberg, als dort aber eine Kapelle erbaut worden ist, verzog er sich in den Raffaforst.
Der Hoimann war ebenfalls hier bekannt.
Beim Zillhiasl im Raffa hat es früher immer geweizt. Darum haben die Leute den Weg dorthin gescheut und bei Nacht ist niemand zu ihm gegangen.

Rappl 1956 / Eichenseer

Der nächtliche Versehgang

Einst gingen zwei Männer von Inkofen nach Straubing zum Viehmarkt. Jeder trat seinen Weg zu einer anderen Zeit an. Der Ramsauer-Großvater war bereits gegen 1 Uhr nachts auf den Beinen. Der Staimer-Großvater hingegen brach erst etwa zwei bis drei Stunden später von Inkofen auf. Beide schlugen die Richtung über den Weiler „Haid" bei Aufhausen ein. Schon hatte der Staimer-Bauer das Wirtshaus neben der alten Römerstraße, genannt „D'Haid", hinter sich. Da sah er vor sich jemanden mit einem Lichte im Straßengraben stehen. Als er dem Lichte näher kam, erkannte er einen Priester und einen Mesner, die einem Sterbenden das Allerheiligste brachten. Beide verließen aber den Straßengraben nicht. Bauer Staimer entblößte sein Haupt vor dem eigenartigen Versehgang. Plötzlich schauderte es ihn eiskalt. Schnellen Schrittes ging er von dannen und wagte nicht mehr, sich umzuschauen. In Straubing traf er den alten Ramsauer. Sofort erzählte er diesem, welche eigenartige Begegnung er gehabt hatte. Aber auch der Ramsauer hatte die beiden Gestalten im Straßengraben an der gleichen Wegstrecke erblickt, obwohl er bereits um einige Stunden früher den geisterhaften Platz begangen hatte. Nun war den beiden Bauern klar geworden, daß es sich um keinen gewöhnlichen Versehgang gehandelt hatte. Zeitlebens erzählten beide ihr schauriges Erlebnis immer wieder und behaupteten, daß eine Täuschung unmöglich gewesen wäre.

Fleischmann

St. Johann — eine Halbmeile?

In früheren Jahrhunderten soll die Straße Regensburg — Straubing über St. Johann (bei Pfatter) gegangen und die dortige Kapelle eine Halbmeile gewesen sein, d. h. sie lag genau in der Mitte zwischen den beiden eben genannten Städten. Solche Halbmeile-Kapellen waren von jeher Orte besonderer Wahrnehmungen. Arme Seelen suchten hier Zuflucht, wandernde Lichter geisterten zu gewissen Zeiten durch den Wald ringsum und die Quellen in der Nähe besaßen wundertätige Kräfte. Druden und Hexen traf man dagegen an diesem Ort seltener als sonst im Pfatterer Umland, und auch den feurigen Männern soll man in der Mintrachinger Gegend häufiger begegnet sein.

Fendl 1977

Der Schatz vom Johannishof

An der östlichen Kapellenwand des um die Jahrhundertwende abgerissenen Kirchleins des St.-Johannis-Hofes war nach alten Überlieferungen ein Goldschatz vergraben. Es sollte nur möglich sein, ihn zu heben, wenn drei Männer in der Johannisnacht um Mitternacht nach ihm gruben und bei dieser Arbeit kein Wort sprachen.

Drei Pfatterer Bauern hatten sich einmal diese schwere Aufgabe vorgenommen und waren auch schon auf eine eiserne Truhe gestoßen, die sie eben zu heben begannen, als ein riesiger Hund auf sie zulief, der ein kleines Kind in seinem Maul trug. Da einer der drei Männer glaubte, in diesem sein eigenes Kind zu erkennen, tat er einen schrecklichen Schrei, — und in diesem Augenblick verschwand der eiserne Behälter so weit in den Boden, daß auch künftig nichts mehr davon zu sehen war, obwohl noch verschiedene versucht haben sollen, diesen Schatz zu gewinnen.

Fendl 1977

Von den Druden

In Kallmünz lebte ein Mann, den immer eine Drud drückte. Sie kam um Mitternacht und setzte sich auf seine Brust. Der Mann wußte keinen anderen Rat und ging zum Pfarrer. Dieser nannte ihm ein Mittel; er soll am Fußende des Bettes zwei Messer mit den Klingen nach oben hineinstecken. Auch das Kopfende sollte mit zwei Messern bestückt werden. Als nun die Drud wieder zum Drücken kam, brachte sie sich Schnittwunden am ganzen Körper bei. Interessant war, daß einige Häuser weiter die Nachbarin im Bett mit vielen Schnittwunden lag und laut jammerte. Seit dieser Zeit wurde der Mann nie mehr von einer Drud gedrückt.

Dürr

Von seltsamen Hexen

Früher gab es viele Hexen, so wird erzählt, vor allem in Kallmünz und Duggendorf. Eines Tages belauschte eine Frau von Kallmünz eine Hexe, die sich im Stall eingeschlossen hatte. Durch einen Fensterspalt konnte die Frau sehen, wie die Hexe aus einem Handtuch, das sie über ein Gestell warf, Milch herausmolk. Als die Milch am Versiegen war, nahm die Hexe eine Axt, schlug sie in einen Balken und schon floß wieder Milch heraus.

Dürr

Von den Irrlichtern

Eines Nachts ging ein Bursche von Burglengenfeld nach Kallmünz. Kurz vor dem Ort, als er bereits die Lichter seines Hauses sah, tanzten um ihn herum einige Irrlichter; diese riefen: „Erlöse uns, erlöse uns!" Der junge Mann spottete gern und rief: „Erlöse uns, kommt nicht in Frage!" Da stürmten mit einem Male die Irrlichter auf ihn zu und brachten ihm tiefe Brandwunden bei, an denen er nach einigen Tagen starb.

Dürr

Das Kätzchen vom Eicher Berg

Der Eicher Berg hat seinen Namen vom Dörflein Eich. Er hat tiefe Felsenrisse auf seinem Gipfel. Auf der Ostseite, dem Osthang, war der „hämmernde Stein". Er ist 1933 abgestürzt. Dort geht es um. Ein betrunkener Bauer kam um Mitternacht an diesen Platz. Da lief ihm ein Kätzlein in den Weg. Fluchend stieß er es mit dem Fuße zur Seite. Plötzlich wuchs es zu einem riesigen Untier mit großen leuchtenden Augen und fauchte und knurrte zum Zähneklappern. In seiner Angst schlug der Bauer ein Kreuz, und das war sein Glück. Das Tier sackte zusammen und plötzlich war es verschwunden.

Rappl 1956 / Eichenseer

Das Steinkreuz auf der Brücke von Kallmünz

Wenn man in Kallmünz vom äußeren Markt in den inneren geht, sieht man in der rechten Brüstungswand der Naabbrücke ein doppeltes Steinkreuz. In die Kreuze sind Zeichen eingegraben, von denen man das eine als eine Schere, die zwei anderen als ein rundes und ein langes Brot deuten kann. Die Sage erzählt davon, ein Schneider hat hier einmal einen Bäcker erstochen.

Rappl 1956 / Eichenseer

Der hämmernde Stein bei Eich

Der Eicher Berg bildet eine langgestreckte Bergwand. Auf dem Wege von Eich nach Kallmünz stand einst vor der Ostwand des Berges ein freistehender Felsen, 2 m hoch und 2 m breit, mit einer Nische in der Mitte, die bei überraschendem Gewitterregen Unterschlupf gewährte. Doch der Stein war nicht recht geheuer. Er klopfte bei Nacht, wie wenn jemand mit einem Hammer darauf schlüge. Jahrhundertelang klopfte er. Niemand wagte sich bei Nacht daran vorbei, da man glaubte, daß es dort umgehe. Es gab da allerlei Schreckgespenster: Große schwarze Katzen mit funkelnden Augen, weiße huschende Gestalten und hellglänzende Nattern mit goldenen Krönlein.

Ein betrunkener Bauer kam einmal um Mitternacht an diesen Platz. Da lief ihm ein Kätzchen in den Weg. Fluchend stieß er es mit dem Fuße zur Seite. Plötzlich wuchs es zu einem riesigen Untier mit großen, leuchtenden Augen und fauchte und knurrte zum Zähneklappern. In seiner Angst schlug der Bauer ein Kreuz, und das war sein Glück. Das Tier sackte zusammen und plötzlich war es verschwunden.

In einer Sommernacht des Jahres 1933 kollerte der Stein auf den Weg herab, mitten hinein, so daß er, der sein Leben lang zum Hämmern verurteilt war, nun selbst zerhämmert werden mußte.

Eichenseer

Die Zwerglein auf dem Eicher Berg

Auf dem Eicher Berg, einem zerklüfteten, brüchigen Jurafelsen, bemerkt der aufmerksame Wanderer viele kleinere und mittlere Höhlen und Felsspalten.

Die Sage erzählt, daß hier in unterirdischen dunklen Gängen und Berghöhlen lange Zeit kleine, fleißige Leutchen hausten und werkten.

Bei Nacht arbeiteten sie für etwas Milch, Eier, Butter und Brot auf den Bauernhöfen von Kallmünz, Eich und Zaar in Scheune und Stall, auf Wiese und Feld. Sogar die zerrissenen Netze der Kallmünzer Fischer flickten sie.

Die Bauern hatten bald nichts mehr zu tun, als ihren schlechten Gewohnheiten nachzugehen. Tagsüber saßen sie beim Zeiglwirt in Kallmünz, tranken sauren Jurawein und selbstgebrautes Bier, zechten und schwelgten. Alles Bitten und Schelten der Frauen half nichts. In ihrer Not beschlossen diese, die Zwerglein zu vertreiben. Sie lauerten ihnen mit brennenden Fackeln auf und beleuchteten das kleine Völkchen bei der nächtlichen Arbeit auf dem Hofe. Blitzschnell verschwanden alle Wichtlein in Richtung Eicher Berg. Von dieser Stunde an wurden sie nie wieder gesehen.

Aber in der folgenden Nacht klopften sie beim alten Brunnbauern an, der zugleich Fischer und Fährmann war. Sie baten, er möchte sie hinüberfahren an das andere Ufer. Dem guten Alten, der so froh war, daß er niemals mehr bei der gefährlichen Kienspanleuchte Stroh schneiden mußte, tat das Scheiden der Zwerge leid. Die ganze Nacht pendelte sein Kahn von einem

83

Ufer zum anderen. Der älteste Wicht im letzten Häuflein fragte
schließlich nach der Schuldigkeit. Dem Fährmann aber tropfte
gerade eine Träne in den Bart, und er konnte nichts sagen. Da
versprach das Männlein, daß ihm und seinen Nachkommen
zum Lohne der Leinenfaden nie ausgehen sollte, und wenn
auch die lausigsten Zeiten kämen. Bis heute kann niemand sagen, daß den Fischern je das Garn zum Flicken ihrer Netze ausgegangen wäre.

Eichenseer

Die Sage vom „Roten Felsen" im Vilstale bei Kallmünz

Vor Zeiten lebte auf dem Schloßberge der Fürst des Naabtales
mit seiner Gemahlin. Sie hatten eine wunderschöne Tochter.
Diese war verlobt mit dem Sohne des Vilstalfürsten. Beide liebten sich von Herzen. Die Hochzeit sollte zur Sommersonnenwende gefeiert werden. Dazu luden beide Fürsten all ihre Rek-
ken, Jungmannen und Jungfrauen auf den Schloßberg. Dort
wurde der junge Held zum Ritter geschlagen und hernach mit
der schönen Prinzessin getraut. Als man spät abends fröhlich
um das Sonnwendfeuer versammelt war, leuchtete plötzlich auf
einem hohen Berge des Regentales das Notzeichen des Nach-
barfürsten auf, der damit in schwerer Bedrängnis durch den
Feind um Hilfe rief. Sogleich setzten sich die beiden Fürsten
mit der gesamten Mannschaft dorthin in Marsch. Der neuver-
mählte Ritter führte die wehrhafte Jugend. In einer stürmischen
Verfolgungsschlacht wurde das Regental vom Feinde befreit.
Viele blieben auf der Walstatt, auch der junge Ritter.
Seine Gemahlin verging vor Schmerz. Sie wollte fliehen aus der
Gegend, die ihr fahl und leer geworden war. Oberhalb des Roten Felsens blickte sie nochmal zurück auf die Stätte ihres kur-
zen Glückes. Ohnmächtig brach sie zusammen und stürzte über
die steile Wand in die Tiefe. Ihr Blut färbte den Felsen. Engel
trugen die Tote zu ihrem Gemahl, aber die Blutflecken blieben.
Sie leuchten besonders stark zur Sommersonnenwende, als
wollten sie mit Nachdruck die Erinnerung wachrufen an das
traurige Geschick der zwei jungen Fürstenkinder.

Knauer 1961 / Eichenseer

Die geizige Bäuerin

In Karlstein lebte vor alter Zeit eine recht geizige Bäuerin. Jeden Bettler schickte sie mit leeren Händen von ihrer Türe fort. Die mitleidige Magd wollte einmal heimlich eine übriggebliebene Schüssel voll Knödel verschenken. Doch die Frau kam dazwischen, versetzte der Magd einen harten Schlag und befahl, die Knödel den Schweinen zu füttern. Der hungrige Greis verließ traurig den Hof. Abends war die Bäuerin verschwunden und nirgends aufzufinden. Wie aber erschrak die Magd, als sie am anderen Morgen die Schweine fütterte und ihre geizige Herrin in Menschengestalt mit einem Schweinskopf im Saustall mit den übrigen Tieren aus dem Barren fressen sah.

Jehl 1954 / Pöppl / Koch

Eine Hexe

In der Kirchberger Gegend lebte eine alte Bäuerin, die als Hexe verschrien war. Als man einmal um Mitternacht vorsichtig zum Fenster hineinblickte, stand sie mitten in ihrer Stube und butterte aus. Daneben stand der Teufel. Bevor das böse Weib ihr nächtliches Werk begann, legte sie einen Schlüssel auf den Boden des Butterfasses. So zog sie den Milchnutzen der Nachbarn in ihr Haus. Später sah man den Teufel aus dem Kamin fliegen. Er verschwand, einen feurigen Schweif hinterlassend, über die nachtdunklen Wälder hinweg.

Jehl 1954 / Pöppl / Koch

Der Feuerhund

Es war schon ziemlich finster, als ein Arbeiter mit seinem Fahrrad auf einem wenig befahrenen Feldweg zwischen Köfering und Alteglofsheim nach Hause fahren wollte. Auf dem Gepäckträger hatte er seine Brotzeittasche geklemmt. Müde von der Arbeit fuhr er langsam den Weg entlang. Plötzlich hörte er ein Röcheln hinter sich. Ängstlich schaute er sich um, aber er bemerkte nur einen Hund. Beruhigt fuhr er weiter. Nach wenigen Metern fiel ihm die Mappe vom Gepäckträger herunter. Er wollte sie gerade aufheben, als er bemerkte, welch feurige rote Augen der Hund hatte, auch sonst sah er nicht gerade gepflegt aus. Nun bekam es der Mann mit der Angst zu tun. Die Tasche ließ er jetzt aus lauter Schreck liegen. Dabei vergaß er, daß sein ganzer Wochenlohn darinnen war. Nun raste er nach Hause, als ob der Teufel hinter ihm her wäre. Nachdem er doch noch heil heimgekommen war und den Vorfall seiner Frau erzählt hatte, schimpfte ihn diese einen Feigling und befahl ihm, augenblicklich die Tasche zu holen. Der Mann weigerte sich zunächst, doch als ihn seine Frau so einigermaßen überzeugen konnte, daß er sich alles nur eingebildet hatte, zog er noch einmal los. Die Frau war zufrieden, doch als ihr Mann nach einer Stunde noch nicht zu Hause war, machte sie sich Sorgen. Besorgt lief sie zu ihrem Bruder, der im selben Dorf wohnte, und erzählte ihm die Geschichte. Dieser meinte, man müsse den Mann sofort suchen lassen. Man fand aber nur noch das Fahrrad des Mannes. Er selbst blieb spurlos verschwunden.

Fendl 1977

Die wilde Jagd

Eines Abends ging ein Zecher von Krachenhausen nach Kallmünz. Als es die Mitternachtsstunde schlug, da kam die wilde Jagd daher mit Sausen und Brausen. Der späte Heimkehrer erschrak sehr und warf sich gleich zu Boden, doch die Neugierde plagte ihn und so sah er sich den Zug der wilden Jagd an. Sofort erklang ein Rufen: „Mit, mit", und schon wurde er an den Armen und Füßen gepackt und mitgeschleift. Von dem unglücklichen Mann hat man nie mehr etwas gehört.

Dürr

Tod durch den Wassermann

Der Hütbub vom Igelbauern in Krachenhausen mußte einmal aus der Brauerei in Kallmünz ein Faß Erntebier holen. In der vorhergehenden Nacht hatte es recht stark geregnet. Der Weg war mit Schlamm und Geröll bedeckt. Nur mühsam konnte er mit seinem Faß auf dem Schubkarren vorwärtskommen. Da stieg der Wassermann aus der Naab heraus und zog am Strick an, der vorne am Schubkarrenhörnl war. Nun mußte sich der Hütbub nicht mehr plagen. Er sagte dem Wassermann schönen Dank und gab ihm auch vom Bier zu trinken. Kurz vor Krachenhausen lud der Wassermann den Buben ein, bei ihm auch zu trinken. Er zog den Hütbuben mit dem Schubkarren an das Wasser und unter die Naab. Seit dieser Zeit wurde der Bub nicht mehr gesehen, auch keine Spur von ihm wurde entdeckt.

Rappl 1956 / Eichenseer

Irrlichter bei Krachenhausen

Am Fuße des Strobelberges zwischen Kallmünz und Krachenhausen war in der merowingischen Zeit eine Siedlung. An die
vierzig frühgeschichtlichen Gräber wurden aufgedeckt. Fund-
stücke davon sind im Stadtmuseum Regensburg zu sehen. An
die Fundstätte knüpft sich folgende Sage: In der Adventszeit
haben sich dort immer Lichter gezeigt. Diese haben aber den
Leuten nicht heimgeleuchtet, sondern sie flackerten über die
Naab und weiter westwärts und wanderten den alten Hohlweg
gegen Dinau zu.
Auch hat sich oft ein feuriger Hund gezeigt, der winselnd den
gleichen Weg trollte. Es leben heut noch einige alte Bauern, die
Stein und Bein schwören, den Spuk selbst gesehen zu haben.

Rappl 1956 / Eichenseer

Die Gräfin Dorothea von Laaber

Eine mächtige Burg stand einst auf dem Burgberg zu Laaber, wo jetzt das kalte Gemäuer einer Ruine zu uns herunterschaut. Frohes, glanzvolles Leben und Treiben spielte sich in fernen Zeiten darin ab.

Doch alles endet und vergehet. Verschollen ist der Sang und Klang, erloschen all die Herrlichkeit; Wucherkraut treibt aus den Ritzen und Fugen.

Als im 15. Jahrhundert die Gräfin Dorothea bei maßloser Genuß- und Verschwendungssucht in den prunkvollen Räumen hauste, war der Stern ihres Geschlechtes bereits im Verlöschen. Ihr Gemahl, Konrad von Pappenheim, konnte wenig Einfluß auf ihre Gebrechen ausüben, da er als Marschall meistens abwesend war. In einer hellen Sternennacht saß die Gräfin Dorothea am Fenster bei den Stickereien und blickte verträumt in die schlafende Landschaft hinaus. Der Laberfluß trug sein Rauschen zu ihr hinauf. Da war, als ob das Wasser Zwiesprach mit ihr hielte und sie lauschte.

„Laß mich deine Burg umspielen und meine Fischlein springen dir zur Freud und Wonne!"

Diese Sprache gefiel der Gräfin, die schon längst den absonderlichen Plan in ihrem Herzen trug, das Flußbett rings um den Burgberg zu leiten. Und ihr Sinnen und Träumen sollte zur Tat werden. In den nächsten Wochen arbeiteten allerlei Werkleute, ihr Vorhaben auszuführen. Mit froher Zuversicht schaute sie zunächst von der Kemenate aus zu. Langsam jedoch ging das Werk vonstatten. Die felsigen Massen trotzten Hammer und Stößel. Die Arbeit stockte; zumal die Herrin nicht mehr in der Lage war, die Löhne auszuzahlen. Da kehrte unerwartet ihr Gemahl Konrad zurück, der von der Ungeheuerlichkeit ihres Beginnens erfahren und dieses einstellen wollte. Soeben ritt er den Kirchberg herunter, als am Sternenhimmel der lange Streifen eines untergehenden Kometen sichtbar wurde. Dorothea weilte gerade wieder am Fenster und hörte den Laberfluß von neuem verlockend rauschen. Doch Wahn befiel die Gräfin und mit einem Sturze in die Tiefe endete sie ihr reichbewegtes Leben.

Rammelmaier 1930 / Posset

Der Pfarrermord

Zur Zeit der Reformation war der Markt Laaber teils katholisch, teils protestantisch. Die Katholiken besaßen die jetzige Pfarrkirche St. Jakob, während die Protestanten die kleine Kirche vor dem östlichen Tor hatten. Das Leichtlhaus war protestantischer Pfarrhof, und der Garten des Leichtlschmiedes soll der protestantische Friedhof gewesen sein.

Die Sage erzählt, daß einmal in Laaber ein protestantischer Pfarrer lebte, der sich mit niemandem vertrug; deshalb wollten ihn seine Glaubensbrüder mit vergiftetem Fleisch töten. Am anderen Tag war die Katze des Pfarrers tot, da sie das Fleisch gefressen hatte. Da der Pfarrer sich weiterhin unnachgiebig zeigte, wurde er eines Nachts gefesselt, geknebelt und im protestantischen Friedhof bei lebendigem Leibe vergraben. Seit dieser Zeit soll es im Leichtlgarten umgehen.

Motyka 1980

Das Fankerlloch

Oberhalb der Papiermühle von Laaber ist das Fankerlloch. Der Eingang zu dieser Höhle ist nicht leicht zu finden. Sie soll früher als Schlupfwinkel bei Überfällen benützt worden sein. Es wird sogar behauptet, daß ein Gang bis Endorf ging. Der Gang soll später eingefallen sein; heute kann man nur noch etwa 5 m in den Berg hinein gehen. In dieser Höhle soll es umgehen, denn manchen Höhlenbesuchern wurde das Licht ausgelöscht.

Motyka 1980

Der hohe Turm

Eine Sage erzählt, daß der Bergfried der Burg Laaber so hoch gewesen sei, daß man an klaren Tagen den Dom von Regensburg habe sehen können.

Motyka 1980

Die verschwenderische Frau von Laaber

Die Frau eines Herren von Laaber hatte große Umbauten am
Schloß zu Laaber vorgenommen und hatte auch den Plan, den
Fluß Laber um die Burg herumzuleiten. Während ihr Gemahl
sich auf ferner Kriegsfahrt befand, verschwendete sie für ihre
Ideen sehr viel Geld. Unvermutet kehrte ihr Gatte nach Laaber
zurück. Als sie ihn kommen sah, ergriff sie ein solches Bangen
und sie machte sich Vorwürfe wegen ihrer Verschwendung,
daß sie auf die Spitze des Bergfriedes stieg und sich von dort
den Bergfelsen hinabstürzte.

Motyka 1980

Vom Teufel besessen

Vor Zeiten stand auf der Höhe des steilen Lichtenwalder Berges das Gemeindehaus, in dessen altem Gemäuer eine arme, hochbetagte Frau hauste, von der der Teufel Besitz genommen hatte.

Eines Tages kam zu ihr ein Priester, der sie von diesem Unhold befreien wollte. Während der Geistliche die Beschwörungsformel sprach, schüttete ihm die vom Satan Besessene eine Schüssel voll Sterz mitten ins Gesicht. Seelenruhig wischte sich der Gottesmann die Speise ab und fuhr fort, der Gepeinigten den Teufel aus dem Leib zu treiben. Und siehe da: Urplötzlich wich der Böse mit Getöse aus der Alten.

In ganz Oberlichtenwald aber verbreitete sich daraufhin ein fürchterlicher Gestank.

Forster, Nachlaß / Schlicksbier

Der feurige Mann

Vor vielen Jahren begegnete den Bewohnern unserer Heimat zur späten Nachtzeit zuweilen ein feuriger Mann, der die Finsternis erhellte und der dem Heimkehrer ein gutes Stück des Weges leuchtete.

Da trug es sich einmal zu, daß ein furchtloses Bäuerlein mit seinem Pferdegespann in stockdunkler Nacht nach Hause trachtete und sich auf der holprigen Landstraße zwischen Unterlichtenwald und Heuweg befand. In der Nähe der Strohschneidermühle auf Oberlichtenwald, just dort, wo der Feurige zeitweilig zu erscheinen pflegte, löste sich plötzlich ein Wagenrad. Und weil pechschwarze Nacht war und das Bäuerlein kein Licht mit sich führte, wünschte der in arge Bedrängnis Geratene nichts sehnlicher, als daß der feurige Mann käme und ihm leuchte. Der Feurige aber blieb aus. In seiner Not redete das Bäuerlein zu sich selbst: „Grod heit kummt er net, wo's so sakrisch not dat!"

Kaum aber hatte er so gesprochen, als der Leuchtende wie auf Kommando erschien und wortlos seine Helligkeit spendete. Große Emsigkeit bemächtigte sich des unerschrockenen Bäuerleins, und gar bald war das Wagenrad befestigt.

Ehe der biedere Landmann seine nächtliche Fahrt fortsetzte, wandte er sich dem Feurigen zu und redete also: „Vergelt's Gott, Feiriger, für dei Leicht'n!"
Da ging für einen Augenblick noch größere Helligkeit von dieser seltsamen Erscheinung aus, ehe sie in der Finsternis verschwand. — Durch die Nacht aber klangen — einem Jubel gleich — die Worte: „Ich bin erlöst!"
Seitdem ist der Feurige nicht mehr in der Nähe der Strohschneiderhöhe auf Oberlichtenwald gesehen worden.

Forster, Nachlaß / Schlicksbier

Der glühende Zug in Oberlichtenwald

In früher Zeit lebte in der Ortschaft Oberlichtenwald ein Bauer, der Gott mit lautem und lang anhaltendem Sakramentieren über die Maße lästerte. Ob dieser üblen Gewohnheit und ob seines Trotzes wider unserem Herrgott war der Landmann weit und breit bekannt und jedermann gemieden.
Eines Tages, als der Lästerer auf seinem Felde nahe Oberlichtenwald mit sichtlichem Unbehagen arbeitete, brach ihm die Heugabel entzwei. Wutentbrannt schleuderte er sie im hohen Bogen fort und erging sich in einer schier unglaublich langen Kette von Scheltworten. — Plötzlich erfüllte die Luft ein unheimliches Rauschen und Fauchen, das näher und näher kam ...
Eine glühende Lokomotive mit ebenfalls glühenden Wagen bewegte sich in schneller Fahrt auf den Bauer zu. Von unsichtbarer Hand gepackt, wurde der jäh Erschrockene in einen der Wagen geschleudert.
Nach einigen hundert Metern verlangsamte der glühende Zug seine Geschwindigkeit. Der Bauer wurde nahe der Ortschaft Spitz auf einen Acker geworfen. Als die Bewohner den vom Herrgott Bestraften fanden, war er gelähmt und der Sprache nicht mehr mächtig. — Nach wenigen Tagen holte ihn der Tod.

Forster, Nachlaß / Schlicksbier

Die Weiz von Luckenpaint

Vor ungefähr zwanzig Jahren lebte in Luckenpaint ein sehr zuverlässiger Mesner, der jeden Abend und jeden Morgen seine Aufgabe, das Läuten der Glocken, gewissenhaft erfüllte. Er erzählte in den Wirtschaften gerne Geistergeschichten. Da kam ein Nachbar auf krumme Gedanken. Eines Tages, als der Mesner wieder die Glocken läuten wollte, sah er plötzlich einige Meter vor sich eine weiße Gestalt, die sich bewegte. Er ging aber trotzdem, wenn auch mit großer Angst, seiner Pflicht nach. Manchmal sah er die Gestalt als weißes Gespenst, dann wieder als einen Kopf, der hell leuchtete. Dieses Weizen dauerte viele Wochen.

Eines Tages, als in einem anderen Dorf Tanz war, und die Burschen dorthin gingen, sahen sie dieselbe Gestalt, wie sie der Mesner beschrieben hatte. Jetzt erst glaubte man im Dorf an die Geschichte des Mesners. Bald traute sich kein Mensch mehr abends auf die Straßen. Schließlich faßten einige Männer Mut und lauerten dem Geist auf. Sie wollten wissen, woher er kam. Sie sahen, daß er aus dem Garten eines Bauern schlich, der sein Anwesen nahe bei der Kirche hatte. Als die Erscheinung näherkam, kreisten sie die Männer ein und entlarvten sie. Da erkannten sie, daß es der Bauer dieses Hofes war, der dem Mesner einen Schreck einjagen wollte.

Nun war in diesem Dorf wieder Ruhe. Aber man erzählte sich noch lange diese Geisterei.

Fendl 1977

95

Das versunkene Schloß im Wald

Im Luckenpainter Wald lebten früher drei Prinzessinnen, von denen eine blind war. Nach dem Tod des Vaters bekam jede von ihnen einen Korb mit Gold. Die beiden Prinzessinnen nahmen das Gold ihrer blinden Schwester und legten ihr Stroh in den Korb. Die Blinde langte in den Korb und fühlte das Stroh. Sie erkannte das böse Werk und verwünschte das Schloß und ihre Schwestern. Der stolze Bau versank mitsamt den Betrügerinnen im Luckenpainter Wald.

Noch heute kann man ein Fenster des verfallenen Gemäuers erkennen.

Fendl 1977

Der Totenbaum von Maiszant

Vor etwa hundert Jahren stand am Rand des heutigen Hahn-Holzes eine mächtige Eiche, die man den „Totenbaum" nannte. Wie aber war dieser Baum zu seinem schaurigen Namen gekommen? Es war irgendwann im Sommer, als ein Bauer aus Pfatter sein Feld im nahegelegenen Maiszant bestellen wollte. Sein Weg führte ihn an der strammen hohen Eiche vorbei, die den ganzen Waldrand beherrschte. An diesem Tag machte nun der Bauer eine sehr merkwürdige Entdeckung: er sah nämlich hoch oben im Wipfel des Baumriesen einen Sack hängen. Der Pfatterer machte sich so seine Gedanken darüber und am Abend erzählte er im Wirtshaus von der merkwürdigen Beobachtung. Am nächsten Tag ging die Schreckensmeldung durch das Dorf, daß ein bekannter Einwohner gestorben sei. Als der Pfatterer Bauer an diesem Tag an der Eiche vorbeiging, hing der Sack nicht mehr auf dem Wipfel, sondern lag abgeschnitten mitten auf dem Feldweg. Der Bauer hielt sein Ochsengespann an, schaute hinein und entdeckte ein hölzernes Kreuz. Voller Schrecken fuhr er heim und erzählte seine Erlebnisse. Am nächsten Tag sahen sich mehrere Pfatterer Männer den Baum an und bemerkten zu ihrem Entsetzen, daß der Sack wieder am Wipfel der Eiche hing. Zwei Wochen später starb der Bauer, der diese seltsamen Vorgänge zuerst bemerkt hatte. Der Sack, der einige Tage vorher noch im Wipfel der Eiche gehangen war, lag wieder am Boden. Keiner der Pfatterer getraute sich, diesen „Sack des Teufels" anzurühren. Von nun an hing immer, bevor ein Pfatterer Bürger das Zeitliche segnete, der Sack vor seinem Hinscheiden hoch oben auf dem Baum und nach dem Tod lag er immer auf dem Boden. Diese Tatsache brachte so viel Unruhe in das Dorf, daß man einige mutige Pfatterer Burschen bat, die Eiche umzuhauen. Seit dieser Zeit wurde auch der Sack nicht mehr gesehen. Einige ältere Bürger waren der Ansicht, daß ihn der Teufel geholt und anderswo aufgehängt hat.

Fendl 1977

Die Entstehung der Wallfahrt

Über die Entstehung der Wallfahrt berichtet eine Legende. Als der byzantinische Kaiser Leo IV., der Chasare (775 – 780), ein Bilderstürmer, der sämtliche religiöse Darstellungen vernichten ließ, herrschte, wurde auch ein Marienbild, welches später als Gnadenbild in der Wallfahrtskirche verehrt worden sein soll, in das Schwarze Meer geworfen. Die Statue versank aber nicht, sondern schwamm, auf einem Wacholderstrauch stehend, über das Schwarze Meer und die Donau hinauf. Bei der Einmündung der Naab in die Donau blieb das Bild Mariens am Ufer hängen. Die Bewohner der Ortschaft sahen die Statue und beschlossen, dem Muttergottesbild eine kleine Kirche zu erbauen. Doch wurde über Nacht das Baumaterial auf wundersame Weise an das jenseitige Ufer der Naab, wo heute die Wallfahrtskirche steht, angeschwemmt. Die Bevölkerung führte sofort den Bau der Wallfahrtskirche durch. Doch auch der Wacholderstrauch, auf dem die Marienstatue stand, wurde als etwas Wunderbares angesehen. Man erbaute an der Ostseite der Kapelle eine kleine Kanzel und pflanzte den Wacholderstrauch in sie hinein.

Motyka, Sinzing 1987

Die blaue Blume

Vor alten Zeiten lag in Marienthal ein Glashüttenarbeiter schwer krank zu Bette und es war keine Hoffnung auf Gesundung mehr. Da erinnerte sich die abgehärmte Frau an die Erzählungen ihrer längst verstorbenen Großmutter, am Hang gegen Stockenfels zu blühe allmitternächtig um die Geisterstunde, aber nur eben diese Stunde lang, die heilsame blaue Blume. Von einem unschuldigen Kinde gepflückt und einem Schwerkranken auf die Brust gelegt, bewirke sie sofortige Besserung und baldige gänzliche Genesung. Des Kranken neunjähriges Töchterlein zögerte um des lieben Vaters willen keinen Augenblick, den Wunsch der Mutter zu erfüllen.

Bangen Herzens fuhr das Kind um Mitternacht im Kahn über den Regen und hastete den Burgberg hinan, hieß es doch, noch vor Schlag ein Uhr müsse sie zurück sein, solle die Wunderblume ihre Wirksamkeit nicht verlieren. Des Mondes blasse Strahlen fingerten gespenstisch zwischen den Baumstämmen durch und ab und zu schoben sich dunkle Wolkenbänke vor seine volle Scheibe.

Schon sah das Mädchen die Burgmauern herabschimmern, da leuchtete plötzlich vor ihm eine wundersame blaue Blume und eine eigentümliche tröstliche Stimmung erfaßte es. Rasch pflückte die Kleine die tiefblaue Blume und lief klopfenden Herzens den Hang hinab. Bald war der Regen überquert und kurz darauf trat das Kind in die Stube, legte dem geliebten Vater die zarte Blüte auf die kranke Brust und sank mit glücklichem Lächeln erschöpft zusammen. Sofort ließ das Fieber des Schwerkranken nach, überraschend schnell ging die Genesung voran und nach einer Woche konnte der Mann bereits das Bett verlassen.

Jehl / Baldauf

Das Geisterwirtshaus im Walde

In einer stürmischen Winternacht ging ein Steflinger Arbeiter von Marienthal aus nach Hause. Da setzte ein wildes Schneetreiben ein, so daß sich der Mann verirrte. Plötzlich stand er mitten im Walde vor einem beleuchteten Wirtshaus. Im Hof kehrte eine alte Frau den Schnee weg und wies den Gast mit einer stummen Geste ins Haus.

Im Gastzimmer spielten einige Männer Schafkopf und luden ihn dazu ein. Dabei wurde kein Wort gesprochen. Sooft der verwunderte Gast reden wollte, bedeuteten ihm die anderen durch Zeichen, er möge schweigen. Mit einem Schlag war alles verschwunden. Der Arbeiter stand mitten im einsamen Wald. Jetzt aber fand er bald den Weg in sein Heimatdorf.

Jehl / Baldauf

Der schwarze Hund von Matting

Vor Jahren soll jeden Tag in den frühen Morgenstunden ein schwarzer Hund gesichtet worden sein, der heiser bellend von den Auwiesen zum Schwarzen Felsen lief. Geheimnisvoll war sein Auftauchen, geheimnisvoll sein Verschwinden.

Motyka

Die Feuermänner in der Au

Früher war die Au in der Nähe von Mintraching noch recht sumpfig. Bei schlechtem Wetter war es sehr neblig. Wenn sich Fuhrleute verirrten und nichts mehr sehen konnten, tauchte plötzlich ein feuriges Männlein auf. Es begleitete die Fuhrleute so weit, daß sie sich nicht mehr verirren konnten. Wenn die Fuhrleute dann nicht „Vergelts Gott" sagten, bekamen sie von dem Männlein eine Ohrfeige, daß man, so lang sie lebten, die fünf Finger im Gesicht sehen konnte. Sagten sie aber „Vergelts Gott", so wurde eine arme Seele im Fegefeuer erlöst. Wenn die Fuhrleute auf dem richtigen Weg waren, verschwand das Feuermännlein wieder.

Fendl 1973

Vom Nachgläut

Zu Zeiten, wo noch gute Zucht in den Familien herrschte, mußten die Kinder beim Gebetläuten zu Hause sein. Wehe, wenn nach dem letzten Glockenton sich noch Jugendliche auf der Straße befanden. Nicht nur, daß ein Donnerwetter oder gar der Stock sie zu Hause empfing. Nein, sogar die Überirdischen griffen mit ein. Das „Nachgläut" erfaßte die Kinder und trug sie weit über die „langen Halme", über den Wald, so daß so manche nicht mehr heimkamen. Angst und Furcht davor trieb die Kinder rechtzeitig heim. Wie mir eine, nun schon verstorbene alte Frau erzählte, wußte sie selbst jemand aus ihrer Verwandtschaft, den das Nachgläut bis in die Gegend von Straubing mitnahm. Er hatte Glück, daß er nicht über der Donau abgesetzt wurde. Nach Tagen erst kam er heim.

Sperl / Schuier

Von dem feurigen Männlein

Einst war die Umgebung von Mintraching sehr sumpfig. Noch unsere Väter wissen, daß die Auwiesen fast immer unter Wasser standen. Aber auch Felder, die heute trocken liegen, waren ehedem nasse Wiesen. Die reichliche Nebelbildung und die Irrlichter dieser Sumpfwiesen leiteten so manchen späten Heimkehrer irre. — War so ein spät nach Hause fahrender Bauer vom Wege abgekommen, so kam es oft vor, daß sich plötzlich hinten auf dem Wagen ein feuriges Männlein zeigte. Wenn der Verirrte es dann fragte: „Du, kannst Du mir sagen, wie ich fahren muß, daß ich heimkomme?" so wies es ihm den Weg. Wehe aber, wenn er darauf nicht mit einem „Vergelts Gott" dankte! Er kam erst recht vom Wege ab, erlitt Radbrüche, fiel in den Sumpf und verirrte sich hoffnungslos. Ja, sogar Schläge bekam er von irgendwoher. So mancher mußte eine furchtbare Nacht überstehen, bis ihm der aufdämmernde Morgen Richtung und Weg zeigte.

Sperl / Schuier

Die Leonhardi-Kapelle

Als die Pest herrschte, machte sich ein Mintrachinger auf den Weg zum Bischof, um Messen einschreiben zu lassen. Unterwegs traf er einen Fremden und klagte ihm das Leid von Mintraching und sagte ihm, wohin er ging. Dieser riet ihm aber, er solle umkehren und ein Kirchlein für den hl. Leonhard bauen. Die Gemeinde Mintraching begann sofort mit dem Bau der Kapelle. Als diese zur Hälfte fertig war, erlosch die Pest. Da hörten die Leute sogleich auf mit dem Bau. Doch da kam auch die Pest wieder. Sie machten sich erneut an den Bau und mit Fertigstellung der Kapelle war die Pest endgültig erloschen.;

Fendl 1973

Das Drachenloch zu Münchshofen

In Münchshofen ist am ansteigenden Berg hinter dem Schloß
im Felsen eine Höhle, die Drachenhöhle oder Drachenloch genannt wird. In dieser Höhle haben sich in frühesten Zeiten Drachen aufgehalten. Faul lagen sie vor dem Loch der Höhle und
sahen nachlässig in das Land. Wehe aber, wenn sie Hunger hatten. Wenn sich Mensch oder Tier in der Nähe oder Ferne blik-
ken ließen, dann war es um sie geschehen. Im Flug erreichten
sie dann ihr Opfer und schleppten es in die Höhle zurück, wo
sie es dann zerrissen und verschlangen. Auch Schätze sammel-
ten sie und versteckten diese in der Höhle. Einer der Drachen
hat einmal eine wunderschöne Jungfrau geraubt und in seine
Höhle geschleppt. Eifersüchtig blieb er immer vor dem Eingang
liegen und bewachte sie. Ein Drache aus der Nachbarschaft —
er hauste in Kallmünz auf dem Berge — wollte die Schöne auch
besitzen, der Münchshofener Drache gab sie aber nicht her. Da
brauste eines Tages der Kallmünzer durch die Luft heran. Die
feurige Zunge hing ihm weit aus dem Maul heraus und ein
Schwanz von Feuer und Rauch und Gift folgte ihm nach. Und
dann entstand ein blutiger Kampf zwischen beiden Drachen;
der war so fürchterlich, daß die Erde zitterte und bebte, und die
Felsen auf dem Münchshofener Berge sind zum Teil zersprun-
gen. Die beiden Drachen haben sich gegenseitig so zugerichtet,
daß sie beide am Platze verendeten.
Die schöne Jungfrau glaubte, die Welt gehe unter und sie müsse
sterben; schließlich wurde sie vor Angst ohnmächtig. Als sie
wieder zu sich kam, lagen die beiden Ungetümer verendet vor
der Höhle. Nun war sie froh und glücklich, daß sie wieder frei
war und zu ihren Leuten heim konnte.

Rappl 1956 / Eichenseer

Die Wolfgangseiche

Der hl. Wolfgang, Bischof von Regensburg, schickte seinen Sendboten aus, um die Gläubigen, Männer, Frauen und Kinder zur Verkündung und Deutung des Evangeliums zusammenzurufen. Vor allem jene sollten gewonnen werden, die ihre Herzen immer noch der neuen Lehre verschlossen hatten. Allerorts rief der getreue Bote die Ankunft des Oberhirten aus. Nun stahlen ihm aber Diebe das Pferd. Der Weg zu Fuß war sehr beschwerlich und niemand konnte ihm weiterhelfen. Ermattet errichtete er eine abgelegene Waldhütte. Aus unruhigem Schlaf und bösem Traum erwachte der Bote. Das Wiehern eines Pferdes ließ ihn aufhorchen und Nachschau halten. Eine herrenlose feurige Schimmelstute mit prächtigem Saum- und Sattelzeug graste auf der Lichtung vor der Klause. Eine gebietende Stimme rief ihm zu: „Nimm, reite Tag und Nacht und hole Christen und Heiden für Wolfgang zusammen!" Der Bote tat wie ihm befohlen und konnte noch zur rechten Zeit eine große Volksmenge zum Hügel beim heutigen Schloß Haus bringen. Der hl. Wolfgang predigte und taufte. Zum Dank pflanzte man ein Bäumchen, die heute noch stehende Wolfgangseiche.

Motyka

Das versunkene Dorf Alt-Nittendorf

Vor langer, langer Zeit stand das Dörflein Alt-Nittendorf südlich des heutigen Dorfes auf dem Igelberg. In der Mitte stand unter schattigen Bäumen ein schönes Kirchlein.
Eines Tages wurden die Bewohner durch dumpfes Grollen aufgeschreckt. Die Erde begann zu beben. Plötzlich klafften Schlünde auf, der Berg versank und unter Wehschreien der Bewohner und unter dem Geläute der Glocken versank das Dörflein. Der Spalt schloß sich wieder und die Welt lag friedlich da.
Noch heute heißt im Volksmund das im Igelberg eingeschlossene, versunkene Dörflein Alt-Nittendorf. Manchmal, so erzählen die Leute, hört man aus dem Igelberg den Glockenklang.

Motyka 1982

Der alte Bauer

In dem früheren Piendlschen Anwesen in Oberachdorf war ein junger Bursche allein zu Hause, während alle anderen auf einer Hochzeit waren. Um die Mitternacht ging plötzlich die Stubentüre auf, und herein trat der verstorbene Bauer. Er fragte: „Wo sind denn die andern?" „Alle auf der Hochzeit!" antwortete der Bursche. „Ich bitte dich", entgegnete der Alte, „sag ihnen, daß ich heute noch wegen der Sünden meiner Hochzeit leiden muß. Zum Zeichen, daß das wahr ist, sag ich dir, daß im kommenden Jahr drei gesunde Männer des Dorfes sterben werden." Tatsächlich ertranken im nächsten Jahr zwei junge Männer, und ein dritter wurde von einem Baum erschlagen.

Fendl 1973

Der Holzdieb

Vor langer Zeit, als es in Oberhinkofen noch sehr viele Häuslleute gab, ging ein Mann am Sonntagvormittag, wenn die anderen Leute in der Kirche waren, regelmäßig in den Wald, fällte einen Baum und zerrte ihn nach Hause.

Als er eines Sonntags wieder einmal in den Wald spazierte, ging er etwas weiter als sonst. Er hackte wieder einen Baum um und wollte ihn nach Hause schaffen. Aber als er an die Stelle kam, wo er am Sonntag vorher Holz gestohlen hatte, knacksten bei seinem Baum die Äste so fürchterlich, daß er sich umschaute. Da sah er etwas häßlich Schwarzes. Der Mann ließ den Baum fallen und rannte, so schnell er konnte, heim. Auf der Straße schrie er laut: „Der Teufel ist hinter mir her, der Teufel ist hinter mir her!"

Nach diesem Ereignis ging der Häuslmann nicht mehr am Sonntag zum Holzstehlen. Man erfuhr nie, ob ihn jemand erschreckt hatte, ob es sein Gewissen gewesen war oder es sich wirklich so ereignet hatte, wie er es erzählte.

Fendl 1977

Die Prophezeiung

Einmal an Heiligabend um Mitternacht ging ein Bauer aus Oberpfraundorf in den Stall, um nach seinen Tieren zu sehen. Er hob mit einer Gabel das Heu wieder in die Futterkrippe. Plötzlich hörte er hinter sich eine Kuh zur anderen sagen: „Schade, daß wir im nächsten Winter unseren Bauern nicht mehr haben!" Nach einer Weile ging er wieder ins Haus zurück und dachte darüber nach, vergaß aber bald diese Prophezeiung. Er glaubte nämlich, er habe sich das Gehörte nur eingebildet. Doch im Sommer wurde er bei der Heuernte von einem Blitz erschlagen.

Putzke / Müller

Der Bauer von Oberwahrberg

Der Bauer hat gewußt, daß das Vieh in der Christnacht reden kann. Er hat sich deshalb unter den Ochsenkarren versteckt und hat gelurt und gewartet. Da haben die Ochsen zu reden angefangen. Der eine sagte zum anderen: „Heuer müssen wir unseren Bauern auch auf den Friedhof ziehen." Wie der Bauer das gehört hat, da hat es ihn dort nicht mehr gelitten und er wollte nichts mehr hören. In der Stube dann faßte er den Entschluß, die Ochsen zu verkaufen. Er wollte den nächsten Viehmarkt gar nicht mehr abwarten und gab sie seinem Nachbarn zu kaufen, der die schönen kräftigen Tiere lange schon besitzen wollte.

Als die Tiere aus dem Hofe waren, da atmete der Bauer wieder erleichtert auf und wähnte die Gefahr gebannt. In der Fasenacht ist es gewesen, bei der Holzarbeit im Wald; da wurde der Bauer von einem fallenden Baum erschlagen.

Der Tote wurde vom Nachbarn mit dessen Ochsen zum Friedhof gefahren.

Rappl 1956 / Eichenseer

Die Sage vom Schatzfelsen im Penkertal

Ungefähr vierhundert Schritte von der ehemaligen Burg
Löweneck entfernt, liegt im Penkertal ein Felsstück, welches im
Volksmund den Namen „Schatzfelsen" trägt. Hiervon wird folgende Sage erzählt:
Als der heilige Bernhard die Klosterkirche zu Pielenhofen erbauen ließ, ging ihm das Geld aus. Er hatte aber davon gehört,
daß bei Penk ein großer Schatz vergraben sei. Nun ließ er zwei
Schimmel an einen festen Wagen spannen und fuhr zum Fund-
ort. Als der Teufel den heiligen Gottesmann kommen sah, spie
er Feuer, Gift und Galle auf den Ordensmann. Dieser aber ließ
sich nicht beirren und grub weiter nach dem Schatz. Als der
heilige Bernhard den Schatz aufgeladen hatte, wollte ihn der
Teufel an der Abfahrt hindern und griff in die Speichen eines
Rades. Da die Schimmel kräftig anzogen, hatte der Höllenfürst
nur einige Teile des Rades in der Hand. Da aber das Rad wegen der Last zusammenzubrechen drohte, flocht der heilige
Bernhard kurz entschlossen den Widersacher statt des fehlen-
den Stücks in den Radkranz ein. So mußte der Teufel kopfüber
und kopfunter den Schatz tragen helfen.

Motyka 1982

Der Schmied von Penk

Alte Leute erzählen gern die Geschichte vom Penker Schmied,
der sehr streng zu seinen Gesellen war. Als einmal der Teufel
bei ihm als Lehrbub eintrat, hielt er es nur drei Jahre aus. Man
sagt, daß davon die Redensart „Bei dem kann's der Teufel nicht
aushalten" herkommen soll.

Motyka 1982

Die Klogmuada

Eine Wegstunde südlich von Regensburg, im Dorf Pentling, soll vor Jahren von Männern, die den Nachtwachdienst zu verrichten hatten, öfters zu mitternächtlicher Zeit eine kleine Frau von häßlichem Äußeren gesehen worden sein, die wispernd und eilig die Dorfstraßen durchhuschte. Am häufigsten soll sie sich in der Nähe der Kapelle, die mitten im Dorf steht, gezeigt haben. Die alten Leute sagen, es sei die Klogmuada gewesen. Ihr Erscheinen soll einen baldigen Todesfall oder ein sonstiges großes Unglück angekündigt haben.

Vor ungefähr elf Jahren ließ der dortige Dorfschmied neben der genannten Kapelle ein Loch ausheben, um eine neue Hoftorsäule zu setzen. Da stieß man in einer Tiefe von einem halben Meter entsetzt auf ein vollständiges menschliches Skelett. Ob hier ein Verbrechen aus früheren Zeiten vorlag und die Klogmuada mit dieser Todesstätte in Zusammenhang stand, kann man nicht sagen. Aber seitdem die Gebeine gehoben worden waren, soll man das geheimnisvolle Weiblein nicht mehr gesehen haben.

Panzer 1848 / Peuckert 1954 / Motyka, Pentling 1987 / Klier

Der Hirte und die Windsbraut

Ein Hirte weidete auf dem Anger bei Pettenreuth seine Schafe. Da kam die Windsbraut daher. „Bist du schon wieder da, du alte Hexe?!" rief der Hirte zornig und warf sein scharfes Messer in den Wirbel. In diesem Augenblicke erfaßte ihn ein Windstoß, hob ihn empor und trug ihn über hundert Stunden weit fort. Bei einem Kreuzwege im Walde wurde er abgesetzt. Hier stand ein Mann, der an der Stirne verwundet war. „Schau her, was du getan hast!" sprach er, indem er das Messer vorzeigte, das der Hirte in den Wirbel geworfen hatte. Zugleich sagte er ihm, er solle das in Zukunft unterlassen, da es sonst gefährlich für ihn ausfalle. Auf ein Zeichen zog die Windsbraut daher und brachte den Hirten in seine Heimat zurück.

Sittler 1906

Die Kraft des Weihwassers

Eines Nachts, als eine Bäuerin von Pfakofen schon schlief, kam ein schwarzer, dürrer Mann in ihre Kammer und wollte sie aus dem Zimmer zerren. Aber die Frau wehrte sich, so gut sie konnte, und schrie um Hilfe. Diese Rufe hörte schließlich die alte Mutter der Bäuerin. Sie holte den Weihwasserkessel, stürzte in die Kammer und bespritzte den Mann mit Weihwasser. In diesem Augenblick zerfiel er zu Asche.

Fendl 1977

Rückantwort
Postkarte

Buchverlag der
Mittelbayerischen Zeitung
Kumpfmühler Straße 11
Postfach 10 07 42

D-8400 Regensburg 1

Absender:

_____
Name

_____
Beruf

_____
Anschrift

_____

Die Karte entnahm ich dem Buch:

_____

Ich wurde darauf aufmerksam durch

☐ Buchhandlung
☐ Prospekt
☐ Anzeige
☐ Besprechung
☐ Geschenk

Wir unterrichten Sie künftig gern und regelmäßig über unser Verlagsprogramm. Bitte senden Sie diese Karte mit Ihrer Anschrift an den Verlag zurück.

Unsere Verlagsgebiete:

Regensburg
in Geschichte, Kultur und Gegenwart

Universität Regensburg
Wissenschaftliche Reihen
Sonderveröffentlichungen

Oberpfalz
Literatur, Mundart, Kultur und Brauchtum,
Geschichte und Kunst

Bavarica

Ihr Buchhändler wird Ihnen gern jedes Buch unseres Verlages liefern.

Buchverlag der Mittelbayerischen Zeitung
Mittelbayerische Druckerei- und Verlags-Gesellschaft mbH Regensburg

Wie schwer sind arme Seelen?

In Pfatter starb einmal ein alter Bauer, der allgemein als ein frommer Mann bezeichnet wurde. Bei einigen wenigen Dorfbewohnern aber galt er nicht viel — vielleicht auch deshalb, weil er vorgab, den Leibhaftigen schon gelegentlich beim „Brückl" gesehen zu haben.
Dieser Bauer hatte noch zu seinen Lebzeiten bestimmt, daß man ihn einmal bei St. Gilla begraben sollte. Als es dann soweit war und der Sarg aus dem Haus getragen wurde, wollten einige Trauergäste Totenvögel auf dem Dach gesehen haben, was andere gleich wieder als Bestätigung seiner Beziehungen zum Fürsten der Finsternis ansahen.
Sechs Rösser zogen den Leichenwagen nach St. Gilla. Aber bald schien den Pferden die Fuhre zu schwer zu werden. Sie schnaubten und prusteten, und der Schweiß rann ihnen über den Rücken. Schließlich brachen sie sogar zusammen. „Ganz einfach", sagten die Siebengescheiten, „der Teufel sitzt eben auf dem Wagen!" Sei dem, wie ihm wolle! Sicher ist, daß die Rösser erst wieder munter weiterzogen, als der Pfarrer dem Leichenzug von St. Gilla aus entgegenkam.

Fendl 1977

Der Teufel bei den drei Ulmen

Im vorigen Jahrhundert standen in Pfatter noch drei hohe Ulmen, die man schon von Straubing, aber auch von Regensburg aus sehen konnte.
Diese Bäume sollen zur Nachtzeit durchreisende Leute und vom Wirtshaus heimkehrende Bauern durch das laute und plötzliche Knarren ihrer Äste immer wieder dermaßen erschreckt haben, daß ihnen ihr schlechtes Gewissen glauben machte, der Teufel sei hinter ihnen her oder der Tod wetze seine schartige Sense. Als sich diese Erlebnisse häuften, erfand man eine Reihe von Gründen, warum die drei Ulmen von der Bildfläche zu verschwinden hätten, und schließlich entfernte man sie auch.

Fendl 1977

115

St. Nikolaus und das Gewitter

Vor Zeiten, als noch die Salzschiffer gegen Regensburg hohe-
nauerten, war der eichene Opferstock der Pfatterer Nikolaus-
kirche hin und wieder reich gespickt mit Münzen aller Art.
Das war auch einem Pfatterer Burschen nicht verborgen geblieben, der zu Hause eine todkranke Mutter liegen hatte und in
seiner Not nicht wußte, wie er zu Geld kommen sollte. In seinem Elend glaubte er, sich beim reichen Wasserheiligen etwas
ausleihen zu können.
Just zu dem Zeitpunkt aber, da das Bürschchen dem Opferstock mit einem Brecheisen zu Leibe gerückt war und die Münzen in seinen Hosentaschen verschwinden ließ, trat ein Fremder
in die Kirche, um hier an geweihter Stätte vor einem aufziehen-
den Gewitter Schutz zu suchen. Im selben Augenblick aber er-
füllten mehrere grelle Blitze das Kircheninnere mit gleißender
Helligkeit und blendeten den Fremden dermaßen, daß der Bursche unerkannt Reißaus nehmen konnte.
Der Sünder soll allerdings die „ausgeliehene" Summe später
zweifach zurückerstattet haben und dem heiligen Nikolaus –
denn ihm schrieb er die stillschweigende Hilfe zu – sein ganzes
Leben lang recht dankbar gewesen sein.

Fendl 1977

Der Drudenbaum im Weinzierlholz

Im Weinzierlholz bei Pfatter soll es noch bis in unsere Zeit herein einen Drudenbaum gegeben haben. Er stand an einer Lou
(= Sumpf) und war ein Sammelplatz von solchen Druden, die
sich noch nie über Menschen gemacht hatten oder niemanden
fanden, den sie „drucken" konnten.
An eben diesem Eichbaum probten sie ihr seltsames Geschäft
oder reagierten ihre „Zwänge" ab. Der Baum war auch noch in
anderer Hinsicht bemerkenswert: Wer sich ihm nach dem
Abendläuten näherte, konnte „verführt", d. h. in die Luft ent-
führt werden. Solche Leute wurden oft erst weit entfernt wieder
abgesetzt. Manche fielen dabei mit solcher Wucht auf die Erde,
daß sie nimmer aufstanden.

Fendl 1973

Das Nachtgjaid bei Pfatter

Der Bauer von Maiszant hat einmal am späten Abend seinen Buben zu einem Bräu nach Pfatter um Bier geschickt. Auf dem Heimweg ist der Bursche in der stockfinsteren Nacht vom Weg abgekommen und hat nicht mehr ein und aus gewußt. Auf einmal hat er in der Luft ein Sausen und Brausen gehört. Daraufhin hat er sich schnell hinter den Erlenbüschen versteckt. Als das Nachtgjaid endlich vorbei war, wollte der Bub wieder weitertappen. Da stand plötzlich einer aus der wilden Schar vor ihm, riß ihm den Bierkrug aus der Hand und soff ihn leer. Dann hastete er den anderen nach und fuhr mit ihnen über die Donau. Das Bürschchen aber hat erst am anderen Tag in der Frühe nach Maiszant gefunden.

Fendl 1973

Der schwarze Wasserreiter

Als auf der Donau noch die Salzschiffe von den Hohenauern gegen Regensburg gezogen wurden, waren unter diesen „Wasserreitern" oft wüste Gesellen, die fluchten und lästerten, daß einem Gott erbarmen konnte.
Hin und wieder kam es dann vor, daß plötzlich ein Pferd mehr den Schiffszug mitzog und ein fremder Geselle mitritt, den vorher niemand gesehen hatte. Der finstere Kerl fluchte mit den Salzknechten um die Wette und schrie und lärmte, daß man es weit nach Pfatter hinein hören konnte. Erst wenn im Dorf einige Leute zu beten anfingen oder der „Engel des Herrn" geläutet wurde, verschwand der Überzählige.

Fendl / Baumgärtner-Demmel / Obermeier / Schlegl

Der Fischräuber

Damals, als die Donau noch in voller Breite an Pfatter vorbeifloß, gab es im Dorf viele Leute, die sich einen Teil ihres täglichen Brotes durch das Fischen verdienten. Tagsüber fischten sie mit den Netzen, und am Abend legten sie Flechtkörbe aus, um auch zu nachtschlafender Zeit noch einen Fang zu tun.

117

Einmal kam es nun vor, daß zu aller Verwunderung tagelang kein Fisch in den Reusen steckte. Die Fischer waren sich nicht schlüssig, wem sie die Schuld an diesem Zustand zumessen sollten. Schon gingen böse Gerüchte um, und viele verdächtigten sich gegenseitig des Fischdiebstahls.
Schließlich kam man auf den Rat des Pfarrers überein, dem hl. Nikolaus, dem Patron der Fischer und Schiffer — dem, wie man weiß, in Pfatter eine uralte Kirche geweiht ist —, eine dicke Kerze zu stiften, auf daß der wahre Grund zum Vorschein kommen sollte und das Mißtrauen nicht mehr länger wuchern konnte.
Als am Tag darauf die ersten Fischer zum Fluß kamen, entdeckten sie am Ufer mehrere Körbe voller Fische und unweit dieser Stelle einen Fremden mit dem Kopf nach unten im Wasser liegen. Um ihn herum schwammen viele Fische von einer Art, wie sie selbst die ältesten Pfatterer Fischer noch nie gesehen hatten.

Fendl / Baumgärtner-Demmel / Obermeier / Schlegl

Wie ein Pfatterer eine arme Seele erlöste

Vor gut hundert Jahren brachte einmal ein Pfatterer Bauer eine Ladung Heu nach Regensburg, um sie dort zu verkaufen. Als er mit dem leeren Wagen wieder nach Hause fuhr, hielt ihn bei Barbing ein Mann auf, der unbedingt mitfahren wollte. Der Bauer wußte zuerst nicht recht, sollte er ihn aufsitzen lassen oder nicht. Dann dachte er sich: „Ich laß ihn mitfahren; es wird ein Handwerksbursche auf der Durchreise sein!"
Der Anhalter bedankte sich kaum, sondern stieg gleich auf den Karren. Nach einer Viertelstunde merkte der Bauer, daß seine Gäule immer mehr ins Schwitzen kamen und zusehends müder wurden. Der Pfatterer hatte das Gefühl, als würde sein Wagen immer stärker belastet. Er legte deshalb eine Rast ein und tränkte seine Pferde. Als sie aber nach einer halben Stunde schon wieder völlig erschöpft waren, wußte er sich nicht mehr zu helfen. Er konnte es kaum mehr erwarten, bis sein Heimatdorf Pfatter in Sicht kam. Als sie endlich dort angelangt waren, sagte er zu dem Fremden: „Jetzt mußt du absteigen, denn ich

bin daheim!" „Ich auch!" antwortete der Unbekannte, bedankte sich mit einem kräftigen Händedruck und sagte: „Dadurch, daß du mich mitgenommen hast, hast du eine arme Seele gerettet!" Und schon war der seltsame Gast verschwunden. Der Bauer aber spürte seinen Händedruck noch lange.

Baumgärtner-Demmel / Obermeier / Schlegl

Die Pfatterer Hehmänner

Um das Jahr 1880 war eine geborene Pfatterin zu Besuch in ihrem Heimatdorf gewesen und war wieder auf dem Weg nach Taimering. Sie war Dienstbotenzubringerin und hatte vor Jahren nach Taimering geheiratet. Heute hatte sie einen Knecht aus Pfatter davon verständigt, daß in Taimering ein Platz frei geworden sei. Auf ihrem Rückweg hörte sie plötzlich ein lautes „Heh!" aus dem Wald. Das konnte nur einer der Hehmänner sein. Wahrscheinlich war er vom Weg abgekommen und wußte nicht mehr aus und ein. Hehmänner waren Seelen, die noch nicht erlöst waren. Sie hausten in einem Waldstück am Weg von St. Johann nach Taimering. Die armen Seelen sollten von dieser Stelle weggeführt werden, aber nur gute Menschen hatten die Macht dazu. Die Frau sagte nichts zu ihm, und er sagte nichts zu ihr. So gingen sie miteinander bis kurz vor Taimering. Hier sahen sie sich noch einmal in die Augen, und dann war der Mann plötzlich verschwunden. Wie vom Teufel gehetzt rannte die Frau ins Dorf. Sie bekam Fieber und mußte wochenlang krank im Bett liegen.

Baumgärtner-Demmel / Obermeier / Schlegl

Wie der Teufel einen Fuhrmann erdrückte

Auf der alten Straße von Straubing nach Pfatter konnte man früher zu Nachtzeiten hin und wieder einem gespenstischen Fuhrwerk begegnen: schnaubenden Rössern und einem ächzenden Planwagen, dessen Räder sich tief in den Boden eingruben. Der Fuhrmann, ein grauhaariger Alter, stapfte neben dem Wagen her und suchte angestrengt den Straßenrand ab.

Wie man sich erzählte, hatte sich der Fuhrmann zu seinen Lebzeiten bei jeder Fahrt etwas „auf die Seite gelegt", wenn er den Bauern im Pfattergrund Salz und Reis und Tuch und Stoff aus der Gäubodenstadt mitbrachte. Beklagten sich die Bäuerinnen über schlechtes Gewicht und falsches Maß, schimpfte er auf die schlechten Wege und meinte, er müsse wohl unterwegs ein bißchen etwas verloren haben und wußte noch eine Menge anderer Ausreden.

Eines Tages freilich wurde der Alte tot auf seinem Wagen gefunden. Kisten und Säcke, die er gerade „anzapfen" wollte, hatten ihn erdrückt. Andere wollten wissen, daß ihm der Leibhaftige an der Römerbrücke aufgelauert und ihm zwischen Griesau und Pfatter das Genick gebrochen habe.

Fendl 1974

Der unehrliche Getreidehändler

Um die Mitte des vorigen Jahrhunderts lebte im Pfatterer Umland ein Getreidehändler, der bei seinen Geschäften falsche Maße und Gewichte verwendete und sich durch diese unehrlichen Machenschaften ein großes Vermögen zusammenstahl.

Als er aber eines Tages sein irdisches Leben mit dem jenseitigen hatte vertauschen müssen, konnte er in seinem Grab keine Ruhe finden. Er erschien des Nachts auf seinem Hof, wanderte durch die Scheunen und über die Getreideböden und warf Körbe und Scheffel und Gewichte die Stiegen hinunter, daß die Hinterbliebenen erschreckt aus dem Schlaf fuhren.

Als sich den Töchtern des Getreidehändlers die gestörte Nachtruhe auf das Gemüt schlug, befragten sie einen Straubinger Karmeliter, wie die arme Seele ihres Vaters erlöst werden könnte. Dieser riet ihnen, das unrechtmäßig erworbene Vermögen dem Kloster zu schenken. Die beiden Töchter waren aber mindestens ebenso geizig wie ihr Vater habsüchtig gewesen war, und machten keinen Hehl daraus, daß ihnen das Geld entschieden lieber war als die Seelenruhe ihres Vaters. Deshalb mußte der unehrliche Getreidehändler noch lange Jahre in der Pfatterer Gegend „umgehen".

Fendl 1974

Der verwunschene Ort bei St. Nikola

Dort, wo der Weg von Pfatter nach Gmünd an St. Nikola vor-
überführt, gab es früher eine Stelle, die mußte verhext gewesen
sein. Fuhrleute, die diese Strecke des Nachts oder im Morgengrauen zu fahren hatten, berichteten, daß ihre Pferde plötzlich
wie wild an ihrem Zaumzeug rissen, über die Stränge schlugen
und am liebsten ins Feld gesprungen wären. Die Knechte hatten
immer alle Hände voll zu tun, den Wagen aus diesem verhexten
Planquadrat herauszubringen.
Man glaubte, daß sich an dieser Stelle einmal eine schreckliche
Begebenheit abgespielt haben mußte. Tatsächlich haben hier in
altersgrauer Zeit viele Gerichtssitzungen stattgefunden. – Vielleicht sollte der eiserne Dämon an der Kirchentüre von St. Nikola die bösen Geister von der heiligen Stätte fernhalten.

Fendl 1974

Wie die Pest nach Pfatter kam

In einer stürmischen Frühjahrsnacht des Jahres, in dem Kaiser
Matthias einen Reichstag nach Regensburg ausgeschrieben
hatte (1613), glaubte der Ferge an der Pfatterer Überfuhr ein
brüchiges „Hol über!" gehört zu haben. Er eilte in die stockdunkle Finsternis hinaus, konnte aber niemanden sehen oder
hören.
Als er sich wieder auf seinem Lager ausgestreckt hatte, vernahm
er den Ruf ein zweitesmal. Aber auch diesmal konnte er keinen
Rufer ausmachen. Als er dann sinnierend in der Hütte hockte
und keinen Schlaf mehr finden konnte, vernahm er den Ruf ein
drittesmal. Er ging an den Fluß und konnte jetzt am anderen
Ufer eine seltsame Gestalt erkennen.
Mit beherztem Sinn fuhr er mit seinem Kahn über den aufge-
wühlten Strom und fand drüben einen uralten zittrigen Greis in
abgeschabten und zerschlissenen Kleidern, der – ohne etwas
zu sagen – mit wild heischenden Gebärden eine Überfahrt verlangte.
Dem Fergen war nicht wohl bei der Sache, aber er nahm den
seltsamen Wanderer in seine Zille und fuhr ihn über die Donau.
Mitten auf dem Wasser fragte der Alte den Fährmann mit

krächzender Stimme: „Kennst du mich?" Und als der Ange-
sprochene verneinte: „ – macht nichts, du wirst mich schon
noch kennenlernen!"
Bis dann drüben der Uferer das Boot ans Land gezogen hatte,
war der Fremde ohne Gruß und Bezahlung verschwunden. Den
Fährmann schüttelte es, und er konnte die ganze Nacht kein
Auge mehr zutun.
Bald nach diesem Ereignis sind in Pfatter die ersten Dörfler an
der Pest erkrankt und gestorben. Der Schwarze Tod hauste so
furchtbar in der Gemeinde, daß auch Kaiser Matthias, der auf
seiner Fahrt zum Reichstag in Pfatter übernachten wollte, den
Ort mied und sich eine andere Herberge suchte.

Fendl 1973

Das versunkene Mädchen

Eine reiche, stolze Bauerstochter aus Pielenhofen ging mit ihren Brüdern vom Tanz in Etterzhausen nach Hause. Dabei wurden sie von einem starken Regen überrascht. Auf dem Wege lag eine große Pfütze. Das eitle Mädchen wollte nicht hindurchschreiten, weil ihr die schönen Schuhe gar leid taten. Sie besann sich nicht lange. Sie hatte noch eine große Semmel einstecken. Diese warf sie in die Pfütze, als wäre es ein Stein, und trat darauf. Doch das Wasser schluckte die Semmel und die Frevlerin sank ein, sank immer tiefer, bis sie vom Wasser verschlungen war. Heute steht an diesem Platz noch eine Bildtafel.

Prestel 1929

Wie St. Quirin entstand

Ein Bauer von Oberhof wollte zur Mühle fahren. Kaum hatte er sich neben den vollen Kornsäcken auf den Wagen gesetzt, da scheuten die sonst friedlichen Ochsen und rannten mit dem Wagen los und blindlings zu über Stock und Stein. Schon wollte das Gefährt stürzen, da gelobte der Bauer in seiner Angst: „Wo die Ochsen stehen bleiben, da will ich eine Kapelle hinbauen!" Und wirklich, die Ochsen blieben stehen. Ein Dorngestrüpp hatte sie aufgehalten, gerade da, wo eine glasklare Quelle aus dem Boden sprudelte.

Zum Dank für die gütige Errettung aus großer Not errichtete der Bauer in den Dornen über dem Wässerlein eine Kapelle. Und heute noch kommen die frommen Leute aus nah und fern und beten gerne an der geweihten Stätte.

Stangl 1960

Der Butterzauber

Vor langer Zeit kam ein fremder Drehorgelmann nach Ramspau und blieb in einem Bauernhause über Nacht. Die Bäuerin
brachte ihm eine Strohschütte hinter den Ofen als Nachtlager.
Da er recht müde war, schlief er bald ein. Um Mitternacht
weckte ihn ein leises Geräusch. Er blickte vorsichtig zum Fenster hin und sah die Bäuerin, wie sie einen Ballen Butter in der
Schüssel auf dem Tisch stehen hatte und eben wieder die Buttermilch einschüttete, um erneut auszubuttern. Vorher aber
holte sie ein Schächtelchen vom Wandbrett, entnahm ihm eine
Salbe und beschmierte damit den Rührstecken. Im Nu hatte sie
schon wieder einen Ballen Butter. Der Mann in der Ofenecke
stellte sich schlafend, und als die Frau endlich die Stube verließ
und zu Bette ging, entnahm er dem Schächtelchen schnell ein
wenig von der Zaubersalbe.
Am Morgen wanderte er weiter. Als er spät abends zu seiner
Frau heimkam, forderte er sie auf, zum Ausbuttern herzurich-
ten. Sie sagte: „Ich habe erst heute ausgebuttert und habe keinen Rahm mehr." Da holte der Drehorgelmann selber das Butterfaß und die Buttermilch herein, strich den Stampfer mit der
Salbe ein und rührte in kurzer Zeit einen großen Ballen Butter
aus, wie ihn seine Frau vom Rahm der einzigen Kuh nie bekam.
Sie war sehr verwundert, als der Mann alles erzählt hatte, was
er in der vorigen Nacht in Ramspau erlebte. Aber schon um
Mitternacht ging der Tanz los. Es pfiff und heulte um das
Häuschen der armen Leute. Als der Mann aufstand und das
Fenster öffnete, warf eine unsichtbare Hand ein großes schwarzes Buch auf den Tisch und eine näselnde Stimme rief: „Hot d'
Sal'm a guat tou?" Dann sprang ein fürchterlicher Kerl herein
und verlangte die Unterschrift in das schon fast vollgeschrie-
bene Buch, damit er ihm soviel Zaubersalbe als er wollte liefern
könnte. Der Häusler sah den Bocksfuß des ungebetenen Gastes
und schrieb schnell die drei heiligen Namen ins Buch. Nun
wurde dieses so schwer, daß es der Böse nicht mehr heben
konnte. Wütend fuhr er deshalb aus dem Fenster, hinterließ einen unerträglichen Schwefelgestank und heulte die ganze Nacht
um das Haus. Das schwarze Buch aber wurde verbrannt und
damit alle Unterschriften ungültig.

Jehl 1954 / Pöppl / Koch

125

Entstehung der Wallfahrtskirche

Ein Herr von Ehrenfels, dessen Burg in der Nähe des Marktes Beratzhausen stand, begab sich eines Tages — es soll im Jahre 801 gewesen sein — in die Nähe des heutigen Rechberg auf die Jagd. Einer seiner Jagdhunde verfolgte ein Reh bis zu einem Baum. Lautes Bellen führte den edlen Herrn zu dieser Stelle, und er war sehr erstaunt, als er das verfolgte Reh auf seinen Hinterfüßen sitzen sah, während es die Vorderläufe am Baum in die Höhe streckte. Als der Herr von Ehrenfels aufschaute, erblickte er im Baum das Gnadenbild; dem Reh schenkte er das Leben und am Fuße des Berges, auf welchem der Baum stand, wollte er eine Kirche bauen lassen. Bald schon geriet der Bau ins Stocken, denn die Rehe trugen auf ihren Geweihen jede Nacht das Baumaterial den Berg hinauf zum „Wunderbaum". Das war der Grund, warum die Wallfahrtskirche Rechberg auf dem Berg errichtet wurde.

Motyka

Der Oherr

Vor mehr als 100 Jahren hat sich in Regenstauf eine Begebenheit zugetragen, die bis auf den heutigen Tag noch nicht vergessen ist.

Die Not war seinerzeit fast in jedem der kleinen Tagelöhnerhäuschen daheim. So ist es auch verständlich, daß einer seiner Bewohner, der zugleich eine stattliche Kinderzahl sein eigen nannte, in aller Heimlichkeit eine Sau stahl und sie auch schlachtete, um die hungrigen Mäuler zu stopfen. Aber schon nach wenigen Stunden erfuhr der Tagelöhner, daß man auf der Suche nach dem gestohlenen Schwein war. In aller Eile schleppte er daher die noch ungeteilte Diebesbeute über die Bodenstiege in eine kleine Kammer und legte sie dort behutsam in ein Bett; gleich einem Schwerkranken deckte er sie fürsorglich zu. Nur noch der „Saukopf" verriet die wohlverwahrte Beute. Flugs nahm der geängstigte Dieb die Zipfelhaube vom Kopf und stülpte sie seinem Opfer so geschickt über, daß nur noch der Rüssel und die geschlossenen Augen der Sau sichtbar waren. Nach getaner Arbeit verließ er die Kammer und begab sich in die einzige Stube zu ebener Erde. Schon pochte es an die Tür. Ein Schandarm erschien, der beauftragt war, bei dem der Tat verdächtigen Taglöhner Hausdurchsuchung zu machen. So kam er auch vor die Bodenkammer. Als er Miene machte, sie zu betreten, stellte sich der Taglöhner vor die Tür, jeglichen Zutritts zum Diebesversteck verwehrend. „Do koanst net eine, doa liegt unsa kranka Oherr drin!"

Doch der Diebesbeflissene ließ sich nicht von seinem Vorhaben abbringen, schob den Tagwerker beiseite und betrat die Kammer. Er traute seinen Augen nicht, als er den angeblichen Oherrn im Bett fand, der sich bei näherem Betrachten als die gesuchte Sau entpuppte.

„Ah dös is eier kranka Oherr! Der schlaft aber recht guat! Gehn ma, daß er net wach wird", sprachs und brachte den überführten Dieb in sicheren Gewahrsam. So fand die Fürsorglichkeit des armen Taglöhners ein jähes und tragisches Ende.

Was die Erzählung an Dichtung und Wahrheit bringt, läßt sich heute nicht mehr genau feststellen.

Oberpfälzer Sagenbrunnen 1987 / Baldauf

Zwerge in der Mühle

Ein Müller oberhalb Regenstauf hatte Tag und Nacht vollauf zu tun. Einmal sah er während der Nacht Zwerge mit langen Bärten, grauen Höschen und grauen Mäntelchen auf- und niederkriechen. Sie schleppten volle Getreidesäcke und füllten wieder leere mit Mehl. Der Müller störte die fleißigen Helfer nicht. Jetzt kamen sie Nacht für Nacht. Nach acht Tagen ließ er ihnen neue Röckchen anfertigen. Er legte die Kleidchen bereit. Nach der Arbeit zogen die Zwerge die neuen Röckchen an und nahmen die alten unter den Arm. Weinend zogen sie ab. Am nächsten Tag ließ der Müller auch neue Höschen schneidern und legte sie wieder bereit. Nach vielen Monaten lagen diese immer noch da. Die Zwerge blieben verschwunden.

Sittler 1906

Von der alten Ochsenstraße

Wer ein gottbegnadetes Sonntagskind ist und in lauen Sommer- und kalten Winternächten zur mitternächtlichen Stunde die alte Römerstraße an der jetzigen Grenze zwischen Niederbayern und der Oberpfalz dahinschreitet, der hört zuweilen römische Soldaten in voller Rüstung die Heerstraße entlang zum Kastell Eining ziehen. Dumpfes Gemurmel dringt aus ihren Kehlen: Sie klagen über die vielen Toten aus ihren Reihen, die neben der „Via Augusta" einst ihre letzte Ruhestätte gefunden haben. Gesenkten Hauptes marschieren sie zur alten Übergangsbrücke, die über die Große Laber bei Rogging führt. Deren Reste können noch heute bei niederem Wasserstande von jedermann gesehen werden.

Ist die mitternächtliche Stund' vorüber, so verschwinden die behelmten Reiter und Fußsoldaten und fernes Rollen des Wagenzuges und verhallender Hufschlag künden das Ende der Geisterstunde.

Fleischmann

Die drei Steinkreuze von Rohrbach

Wo heute der Friedhof steht, war dereinst eine Burg, und das Friedhofskirchlein (eine Wallfahrtsstätte) war die Schloßkapelle. Die zwei Grafensöhne liebten eine schöne Grafentochter von Hohenburg, die aber auch der Sohn vom Hohenfelser Grafen gern hatte. In ihrer Eifersucht lauerten sie sich gegenseitig vor der Brücke in Rohrbach auf. Dort kam es zu einem Kampf zwischen den dreien, und alle wurden so schwer verwundet, daß sie auf dem Platz tot liegenblieben. Die unglücklichen Eltern ließen zur Erinnerung daran drei Steinkreuze errichten, welche noch heute in der Nähe der Vilsbrücke stehen.

Das Schloß aber und den ganzen Besitz schenkten die trostlosen Eltern einem Frauenkloster in Regensburg, das dann ein kleines Kloster einrichtete.

Rappl 1956 / Eichenseer

Die Gänse vom Haunberg

Haunberg liegt auf einer Jurahöhe bei Rohrbach. Das Wasser ist dort sehr wenig, und früher wurde das Regenwasser von der Dachrinne aus in einer Hülle aufgefangen. Es ist schon lange her, da war dort einmal ein Schneider von Rohrbach auf der Stör. Und weil bei den Leuten das Geld rar gewesen ist, hat das Bäuerlein dem Schneider statt Geld ein Paar lebende Gänse in Zahlung gegeben. Glücklich war der Meister der Nadel mit den Gänsen daheim angekommen, als aber die Gänse jetzt das Wasser der Vils und des Forellenbaches rochen, da begann ein gewaltiges Schnattern und Schreien und mit schlagenden Flügeln eilten sie dem Wasser zu.

Voll Angst aber schrie der Schneider den am Bach stehenden Nachbarsleuten zu: „Helfts Leut, laßt die Gäns nicht ins Wasser; die können ja nicht schwimmen, die sind von Haunberg droben."

Rappl 1956 / Eichenseer

Sage vom Frauenklosterberg

Keine Ruine, keine Grundmauernreste erinnern daran, daß
einst zwischen Schierling und Paring auf einem Berge ein Frauenkloster stand. Die Bevölkerung dieser Gegend aber hat von
den Ahnen und Urahnen die Sage vom Frauenklosterberg gehört und bis heute der Nachwelt erhalten. Ich selber habe die
Sage von einem alten Mütterlein wie folgt gehört: Dort, wo der
Frauenklosterberg ist, stand vor alter Zeit ein schönes Frauenkloster. Viele fromme Nonnen wohnten darin. Sie bebauten die
zum Kloster gehörigen anliegenden Felder und dienten Gott
durch Gebet und den Mitmenschen in wahrer Nächstenliebe
und werktätiger Hilfe. Unter den vielen Nonnen war auch eine
mit Namen Ermenhild. Sie war adeliger Herkunft, jedoch vollständig blind. Ihr Vater zog einst als edler Ritter ins Heilige
Land zur Befreiung von den ungläubigen Türken. Leider kehrte
er vom Kreuzzuge nicht mehr zurück. Die böse Stiefmutter ver-
stieß Ermenhild, die viel um den lieben Vater trauerte. Eines
Tages entschloß sich das Ritterfräulein, den Schleier zu nehmen
und trat in das Nonnenkloster auf dem Frauenklosterberg ein.
In einsamen Stunden weinte Ermenhild bitterlich über die harte
Behandlung durch die Stiefmutter und ganz besonders über die
Nichtheimkehr des heißgeliebten Vaters. Durch das viele Weinen wurde ihr Augenlicht immer trüber und schließlich erblin-
dete die brave Nonne vollständig. Die Oberin des Frauenklosters hatte Mitleid mit der Blinden und gab ihr eine eigene Führerin, die sich um die arme Nonne kümmerte. So ging es ihr
ganz gut. Leider blieb es nicht immer so.
Ein schrecklicher Krieg überzog das ganze Land. Auch der
Frauenklosterberg bekam davon zu spüren. Feindliche Soldaten
fielen über das Kloster her und raubten und plünderten, was ihnen brauchbar erschien. Selbst vor dem Morden der Nonnen
scheute die grausame Soldateska nicht. Als sie kein Geld fand,
steckte sie das ganze Kloster in Brand. Nur die blinde Ermenhild und ihre Führerin blieben wie durch ein Wunder von den
Flammen und den plündernden Feinden verschont. Sie hatten
sich in ein sicheres Versteck geflüchtet, in dem auch die
Schätze des Klosters sich befanden. Als die Plünderer wieder
fortzogen, sagte Ermenhild zu ihrer Führerin: „Ich bin die ein-

zig überlebende Nonne des Klosters. Wir beide teilen uns das vorhandene Geld. Jede soll die Hälfte bekommen. Du mußt aber ehrlich teilen, weil ich nichts sehe." Ermenhild befahl der Führerin einen Metzen zum Messen des Geldes zu nehmen. Die Führerin war nicht ehrlich. Beim Anblick des vielen Geldes erfaßte ihr Herz die Habgier. Schnell füllte sie den Metzen auch mit Geld. Hier hatte aber nicht viel Platz, denn am umgedrehten Metzen war keine starke Vertiefung. Die habgierige Führerin ließ die Blinde das Geld am Metzen betasten und schüttete hierauf das Geld vom Metzen neben Ermenhild. So verteilte die Führerin den Geldreichtum des Klosters in ihrer habsüchtigen Weise. Da frug Ermenhild: „Hast du nun alles Geld ganz ehrlich geteilt?" Die Führerin schwor fest und feierlich, daß sie ehrlich die Verteilung vorgenommen habe. Aber schon folgte die Strafe auf die böse Tat. Ein mächtiger Donnerschlag erdröhnte und die unehrliche Führerin wurde vom Erdboden verschlungen. Nur Ermenhild kam mit dem Schrecken davon. Sie saß mit dem ganzen Gelde des einstigen Frauenklosters hilflos am Ackerrain. Da kam ein braver Hirtenjunge. Dieser nahm sich der Hilflosen an und brachte sie nach Hellring.

Nachdem im ganzen Lande wieder Ruhe und Friede eingekehrt waren, entschloß sich Ermenhild, mit dem geretteten Geld des Klosters die Kirche in Hellring zu Ehren der heiligen Ottilie zu erbauen. Doch welch ein Wunder! Kaum war die Kirche eingeweiht, da wurde die blinde Ermenhild plötzlich sehend. Nun erbaute sie sich neben der Kirche eine Klause. In dieser führte sie noch ein langes, frommes Leben. Als sie starb, da fingen die Glocken der Wallfahrtskirche in Hellring von selbst zu läuten an.

In der Wallfahrtskirche Hellring ruhen die Gebeine Ermenhilds. Alljährlich pilgern viele Leute nach Hellring und bitten die heilige Ottilie, die Schutzpatronin der Kirche ist, um Hilfe bei Augenleiden und sonstigen Anliegen.

Holzer / Grötsch

Sage von der Zuslmarter

Geht man von Schierling aus durch den Wald über den Weilhof nach Dünzling, dann kommt man inmitten des Waldes an eine Weggabelung. Hier steht ein schlichtes „Marterl", das im Volksmund den Namen „Zuslmarter" bekam. Es handelt sich um einen sonderbaren Namen. Ein Teil der Leute weiß, daß hier an der Weggabelung vor langer, langer Zeit eine weibliche Person ermordet wurde. Sie hieß Susana. Da der Volksmund statt Susana abgekürzt Susl und im Dialekt Zusl sagt, erklärt sich auch der Name dieses Marterls. Wenn im Spätherbst und Winter die Winde mächtig durch die Baumkronen brausen, dann geht es hier an der angeblichen Mordstelle beim Marterl nicht mit rechten Dingen zu. Alte Leute hingegen sagen, daß ihnen Großeltern immer von einem versunkenen Schloß erzählten, das hier einst stand. Die vielen Vertiefungen und erhöhten Stellen beim Suslmarterl stammen angeblich noch vom versunkenen Schloß. Das Verschwinden des Schlosses erfolgte vor sehr langer, langer Zeit. Heute herrscht Märchenstille an der Zuslmarterstelle. Man vernimmt nichts von Geistern und Spukgestalten. Geht man aber um Mitternacht an dem Marterl vorbei, dann findet man trotz größtem Bemühen nicht die gesuchte Richtung. Entweder kreist man in der Dunkelheit nur um das Marterl oder der Wanderer irrt lange im Walde umher und landet endlich bei Dunkelheit wieder beim Suslmarterl.

Holzer / Grötsch

Friedhofskirche St. Martin

Im Jahre 1200 sollte an der alten Brücke in Schönach eine Kirche gebaut werden.

Die Steine wurden besorgt und an der alten Brücke abgeladen.

Am nächsten Tag waren die Steine an dem Platz der jetzigen Friedhofskirche.

Dies geschah mehrmals.

Darauf wurde die Kirche an dieser Stelle erbaut.

Aus ihr wurde später die Wallfahrtskirche „Maria zu den schönen Eichen", denn an der Stelle wuchsen lauter Eichen.

Im Laufe der Jahre wurde aus dem Namen „Maria zu den schönen Eichen" Schönaich und dann Schönach.

Berger

Das Bergkreuz von Schönhofen

Einmal spät abends hatte ein Ritter aus der Gegend um Regensburg eine eilige Botschaft seines Herrn nach Nürnberg zu bringen. Bei Prüfening setzte ihn der Fährmann über die Donau. Dann gab der Reiter seinem Roß die Sporen und sprengte die Hochstraße bei Riegling hinauf, die durch den damaligen Emmeramer Forst über Eilsbrunn in das Tal der Schwarzen Laber und von da flußaufwärts weiter nach Nürnberg führte. In Eilsbrunn kam der eilige Bote in der nebelverhangenen Nacht vom rechten Wege ab, ohne es zu merken. Kaum hatte er den Ortsausgang erreicht, setzte er sein Pferd wieder zu eiligem Ritt an. Nebelfetzen, die ein tosender Sturm vor sich herjagte, umwallten feuchtkalt sein weingerötetes Gesicht. Bald darauf hielt er unfreiwillig aber krampfhaft den Hals seines Rosses mit seinen starken Armen umklammert. Urplötzlich nämlich hatte das aufmerksame Roß seinen schnellen Lauf mit steif nach vorne gestemmten Vorderbeinen innegehalten und den Reiter nach vorne geschnellt, der so durch blitzschnelles Umfassen des Pferdehalses einen Sturz vermeiden konnte. Wenig erfreulich kam dem eiligen Boten dieses plötzliche vermeintliche Scheuen seines sonst so zuverlässigen Tieres. Sogleich versuchte er es wieder in Gang zu bringen. Doch gelang ihm das weder durch gutes Zureden noch durch die eingesetzten Sporen. Da schwang er sich aus dem Sattel und wollte das Roß am Zügel ein Stück weiter führen. Aber nicht einen Schritt brachte er es vorwärts. Als dann die ziehenden Nebelfetzen das trübe Mondlicht am wolkenverhangenen Himmel für kurze Augenblicke freigaben, da wollte ihm das Blut in den Adern erstarren. Roß und Reiter standen hart am Rande des steil gegen das Tal der Schwarzen Laber abfallenden Felsens. Mit dem Gelübde, an dieser Stelle, wo ihn sein treues Pferd auf so wunderbare Weise vor dem sicheren Tod bewahrt hatte, ein Kreuz zu errichten, wendete er sein Roß, suchte und fand auch bald den richtigen Weg wieder, auf dem er dann seine eilige Reise glücklich beenden konnte. Was der Ritter gelobt in harter Not, getreulich hat er es gehalten. Seit dieser Zeit steht auf dem höchsten Felsen über dem Labertal bei Schönhofen das Kreuz.

Motyka

135

Der Hirtenmord

Eine andere Sage erzählt, daß die Errichtung des Kreuzes einen Hirtenstreit mit unglücklichem Ausgang als Ursache gehabt haben soll.
Zwischen Eilsbrunn und Schönhofen steigt das Gelände mäßig an, um dann gegen Westen in schroffen Dolomitfelsen jäh zum Tal der Schwarzen Laber abzufallen. In dem schmalen Hochflächensaum finden sich mehrere Verwerfungsmulden von mäßigem Umfange, die seit alten Zeiten als Weideplätze von den Gemeinden Schönhofen und Eilsbrunn benutzt wurden. So wurde die eine „Kamoni" geheißen, von den Schönhofenern gerne als Weideplatz benutzt, da sie, von 3 Seiten natürlich abgeschlossen, nur an einer Seite künstlich abgeschlossen werden brauchte, um das Vieh ohne Aufsicht weiden zu lassen ... An der Flurgrenze Schönhofen — Eilsbrunn befinden sich zwei weitere ähnliche Mulden: die „Schmalzlerseign" und die „Kreuzseign". Die Höhe, auf der ein Kreuz aufgerichtet ist, wurde von beiden Gemeinden behütet.
Einmal nun, so erzählt sich das Volk, hütete der Viehhirt von Eilsbrunn über die „Kreuzseign" hinaus gegen die Schmalzlerseign, der von Schönhofen aber von der Schmalzlerseign gegen die Kreuzseign. Da kam es zwischen den beiden Hirten zum Streit, heftigem Wortwechsel und schließlich zu Tätlichkeiten, wobei einer der beiden tot am Platze blieb. An dieser Stelle wurde später das heute noch stehende Kreuz errichtet.

Motyka

Die Sage vom Dankkreuz in Schönhofen

Schon auf alten Kupferstichen aus dem 17. Jahrhundert sieht man auf den Jurahöhen bei Schönhofen ein Bergkreuz. Die Bevölkerung hat das Bergkreuz immer erneuert. Zum letzten Mal stürzte das Kreuz am 19. Mai 1957 ab, und schon am 29. September 1957 war die Weihe des neuen Bergkreuzes, das weithin ins Tal grüßt. Von diesem Kreuz wird eine alte Sage erzählt:
Die Mitternachtsstunde rückt heran und noch geht es hoch her im Schloßgut zu Eichhofen. Der Herr von Rammelstein hat seine Freunde zu einem Festessen und Umtrunk eingeladen,

denn der lange Streit mit dem Herrn von Wolfstein, seinem Nachbarn, ist gut ausgegangen. Alle sollen sich mit dem Rammelsteiner freuen. „Eßt und trinkt, liebe Freunde!" ruft der Rammelsteiner und hebt den Humpen hoch. Die edlen Herren halten tüchtig mit und immer ausgelassener wird die große Tafelrunde.

Plötzlich wird die Tür aufgerissen und der Schloßwächter stürzt herein und schreit ganz aufgeregt: „Der Feind ist da! Drüben im Wald liegt der Wolfsteiner mit vielen Leuten!" Ganz still ist es auf einmal im Saal, und in diese Stille hinein spricht der Rammelsteiner: „Wir sind eingeschlossen wie in einer Mausefalle. Was wollen wir mit unseren paar Leuten gegen den Wolfsteiner ausrichten? Nur du, Thumhauser, kannst uns noch helfen. Hole deine Knechte!" „Das will ich gerne tun", erwiderte der Thumhauser, „aber wie kann ich jetzt meine Knechte rufen, wo der Wolfsteiner überall lauert."

Da tritt der jüngste Sohn des Rammelsteiners vor seinen Vater: „Ich will nach Thumhausen hinüberreiten und die Knechte rufen." Der Vater erschrickt, denn er weiß, daß der Weg heute besonders gefährlich ist. „Nein, laß ihn nicht reiten", fleht die Mutter, „er fällt in die Hände der Feinde oder er verirrt sich in dieser dunklen Nacht." Aber sie bittet umsonst, denn ernst spricht der Rammelsteiner: „Nimm das beste Roß aus dem Stall und reite in Gottes Namen!"

Während die Männer zu den Waffen greifen und zur Schloßmauer eilen, geht die Mutter traurig in ihr Gemach. Sie kniet nieder und betet inbrünstig: „Lieber Gott, beschütze meinen Sohn! Kommt er gesund zurück, so will ich für diese Hilfe ein Dankkreuz errichten lassen."

Der junge Rammelsteiner kommt glücklich hinüber nach Thumhausen, er weckt die Knechte und ruft sie zum Kampf auf. Nun will er wieder zurückreiten, doch in dieser stockfinsteren Nacht kommt er vom Wege ab. Plötzlich bleibt das Pferd wie angewurzelt stehen. Nichts hilft, kein gutes Zureden, auch die Peitsche nützt nichts. Dem jungen Rammelsteiner wird es ganz unheimlich, er steigt vom Pferd und will den Tag abwarten. Bald schläft er ein.

Schon bei Morgengrauen erwacht er und sieht vor sich einen tiefen Abgrund. Wäre er in dieser Nacht nur wenige Schritte weitergeritten, so wäre er mit seinem Pferd abgestürzt und läge tot in der Tiefe. Jetzt am hellichten Tag findet er den Weg über Schönhofen nach Eichhofen zurück. Auf halbem Weg kommen ihm die Thumhauser entgegen. Sie haben den Feind besiegt und sind schon wieder auf dem Heimweg.

Als der junge Rammelsteiner nach Hause kommt, ist die Freude sehr groß. Die Mutter hält ihr Versprechen, und in der Nähe der „Nadelspitze" in Schönhofen läßt sie das Dankkreuz errichten, das noch heute weit ins Labertal hinausschaut.

Motyka 1982

Das unheimliche Faß

Ein Bauer aus Schrotzhofen besuchte einmal im Nachbarort Hardt seinen Bruder. Bevor er den Heimweg antrat, kehrte er noch im dortigen Gasthaus ein. Als er endlich aufbrach, empfing ihn draußen eine stockdunkle Nacht. Es war ihm nicht recht geheuer, weil er den finsteren Wald am Pendelberg durchqueren mußte.

Bald erkannte er, daß er vom Weg abgekommen war und sich hilflos verirrt hatte. Er hatte keine Ahnung, wo er sich befand, obwohl er vor sich einen Kohlenmeiler erblickte. Auch ein steiler Pfad, der an einem bewaldeten Hang nach oben führte, war ihm völlig fremd.

Plötzlich vernahm er ein eigentümliches Geräusch, und da sah er schemenhaft auf dem abschüssigen Waldweg ein Holzfaß auf sich zurollen.

Vor Schreck blieb er wie angewurzelt stehen.

Gebannt starrte er auf das anscheinend mit einem schweren Stein gefüllte Ungetüm, das immer näher kam.

In seiner Todesangst konnte sich der Bauer nicht mehr vom Fleck rühren und er befürchtete schon das Schlimmste.

Doch kurz vor seiner Gestalt änderte das unheimliche Faß die Richtung, rollte rechts an ihm vorbei und verschwand dann spurlos in einer Mulde.

Auch das dumpfe Geräusch und das laute Poltern des Steines waren danach nicht mehr zu hören.

Nachdem sich der Bauer von dem grauenvollen Spuk erholt hatte, setzte er seinen Irrweg fort und erreichte erst lange nach Mitternacht seinen Bauernhof.

Sein Gesicht war immer noch von Todesangst gezeichnet, und an den Spitzen jedes einzelnen Haares glitzerte im Schein der düsteren Lampe ein kleines Schweißtröpfchen.

Trotzdem der Bauer tags darauf stundenlang suchte, konnte er nicht die geringste Spur von dem unheimlichen Faß mit dem ungewöhnlichen Inhalt entdecken.

Muggenthaler

Bestraftes Fluchen

Ein Bauer fuhr mit einem Wagen voll Holz aus dem Schwaig-
hausener Walde heim. An einem Hügel blieb er im tiefen
Schnee stecken. Da fluchte er ganz greulich und hieb immer
stärker auf die Pferde ein. Mit einem Male stand ein Mann mit
einem Geißfuße vor ihm. Er ergriff ihn und fuhr lachend in der
Luft davon. Fort ging es über Berg und Tal und Flur und Feld.
Da läutete es unter ihnen in einem Kirchlein zum Gebete. Der
Bauer bekreuzigte sich und flehte Gott inbrünstig um Hilfe an.
Von diesem Augenblick an verlor der Teufel seine Macht. Er
setzte den Bauer vor dem Kirchlein ab. Dieser brauchte ein hal-
bes Jahr, bis er heimkam. Das Fluchen war ihm für immer vergangen.

Sittler 1906

Die wilde Jagd

Ein rauschiges Bäuerlein tappte um Mitternacht durch den
Schwaighausener Forst. Plötzlich rauschte es in den Lüften.
Das Holz krachte und bog sich seufzend und fauchend. Im
Winde grollte und rollte es. Es bellte, miaute und wieherte, als
ob tausend Hunde, Katzen und Rösser dahintobten. Das freche
Bäuerlein schrie in seinem Rausch mit wie ein Märzenkater;
aber der Spott verging ihm. Plötzlich fühlte er keinen Boden
mehr und er flog in die Lüfte. Grobe Stimmen brüllten ihm zu:
„Heb deine Haxen!" Vor Angst hob er die Knie bis an den
Bauch. Trotzdem schleifte es ihn durch die Baumspitzen. Er
schrie vor Schmerzen. Der kalte Schweiß brach aus seiner Stirn.
Endlich setzte ihn die „wilde Jagd" auf dem Dache einer Einöde ab. Das Lachen und Spotten war ihm vergangen.

Motyka

Der Förster vom Schwaighof

Wo heute in Schwaighof der Kamsederhof steht, wohnte früher
ein Förster. Eines Tages, es dunkelte schon, nahm er sich vor,
ein Reh zu schießen, selbst wenn es Herrgottsaugen hätte.
Er nahm sein Gewehr und ging auf die Jagd. Plötzlich erblickte
der Förster im Dickicht ein Reh. Die Augen des Tieres leuchte-
ten und funkelten wie Glut und blickten dem Förster gerade-
wegs ins Gesicht. Der blieb vor Schreck starr stehen, bebte am
ganzen Körper und fürchtete sich unbeschreiblich. Er versprach
Gott, wenn er ihn aus dieser peinlichen Lage befreie, an der
Stelle, wo er sich befand, eine Kapelle zu bauen. Der Förster
blickte nach diesem Versprechen ängstlich zum Himmel, und
als er den Kopf wieder senkte, war das Reh verschwunden.
Der Jäger hielt sein Versprechen und errichtete eine Kapelle,
die heute noch dort steht.

Fendl 1973

Die armen Seelen im Pfingstwinkel

Wenn die Bewohner des Schwaighofes nach Mintraching in die
Kirche gingen, brachen sie meist schon vor dem Gebetläuten
auf. Um diese Zeit hörten sie oft in der Nähe des Pfingstwin-
kels ein jämmerliches Weinen der armen Seelen, das den
Schwaighofern durch und durch ging. Nach dem Gebetläuten
konnte man es nicht mehr wahrnehmen.
Um dieses furchtbare Weinen nicht anhören zu müssen, nahmen die Kirchgänger Weihwasser mit und sprengten es in Richtung Pfingstwinkel. Dann wurde das Jammern und Weinen ru-
higer, manchmal verstummte es auch ganz.

Fendl 1973

Das unheimliche Licht

Vor einigen Jahrzehnten fuhren ein Bauer und seine Frau zu deren Eltern nach Dünzling. Grund für diese Fahrt mit der „Schäsn" (= Chaise) war das Kirchenpatrozinium und — noch mehr — der Namenstag des Vaters der Bäuerin. Da es dort viel zu erzählen gab, kam es, daß es schon dunkelte, als sie die Heimfahrt antraten, und sie deshalb die Lampen an der Schäsn anzünden mußten.

Kurz nach Seedorf tauchte plötzlich am gegenüberliegenden Waldrand ein Licht auf und ging dort entlang. Als dann die Schäsn am Wald ankam, eilte das Licht von der anderen Seite herüber und blieb vor den Pferden stehen. Zum Unglück löschten dabei die Lampen aus. Nun blieb dem Bauern nichts anderes übrig, als die verschreckten Pferde zu führen.

Das Licht begleitete sie, bis der Wald zu Ende war, dort verschwand es, wie es gekommen war, und auch die beiden Lampen brannten wieder.

Mit Schrecken in allen Gliedern konnte nun der Bauer wieder auf seinen Wagen steigen. Dann fuhr er mit seiner Bäuerin, ohne sich noch einmal umzusehen, nach Hause.

Fendl 1977

Das Gold in der Pfeife

Am alten Kirchsteig von Bubach nach Steinsberg ging ein Bauer
am Friedhof vorbei. Er wollte sein Pfeifchen anzünden, hatte
aber kein Feuer. Da sah er glühende Kohle auf der Erde. Damit
versuchte er seine Pfeife in Brand zu stecken, was ihm aber
nicht gelang. Zu Hause angekommen sah er, daß seine Pfeife
mit Gold gefüllt war.

Volksschule Steinsberg

Der Teufel als Begleiter

Ein Mädchen ging nachts vom Tanz heim. Plötzlich bemerkte
es, daß ihm ständig ein unbekannter Bursche wortlos folgte.
Die Angst trieb das Mädchen voran. Unterwegs redete der Bursche das Mädchen wie folgt an: „Annemirl, fürchst du dich?"
worauf das Mädchen antwortete: „Warum soll ich mich fürchten, bist ja du bei mir." Beim Hause angelangt riet der Bursche
dem Mädchen, es solle das Taschentuch um die Hand wickeln,
was das Mädchen auch tat. Er reichte seine Hand. Das Taschentuch verbrannte in hellen Flammen. Im Lichtschein sah die
Maid, daß ihr Begleiter einen Geißfuß hatte.

Volksschule Steinsberg

143

Die Beerenpflückerin

Ein armes Mädchen aus dem Regentale pflückte im Schwarzen-
berger Forst Beeren. Da näherte sich ein Fremder und bat die
Kleine, ihm sein aus der Manteltasche gezogenes Körbchen zu
füllen. Freigebig gab sie alle Beeren hin und der Mann zeigte
sich darüber hocherfreut. Dann führte er das Kind hinab ins
Tal, wo zum Erstaunen der Beerensucherin in der Nähe einer
Quelle an mehreren Bäumen die schönsten Äpfel und Birnen
hingen. Der Fremde bog die Äste hernieder, pflückte die herr-
lichsten Früchte und füllte damit das Körbchen voll. Nicht ohne
sich herzlich zu bedanken, sprang das Mädchen fröhlichen
Herzens der elterlichen Hütte zu. Auf dem Wege dahin nahm
es einen der schönsten rotbackigen Äpfel aus dem Körbchen
und wollte hineinbeißen. Er aber war hart wie Stein und so
schüttete das Kind sein Körbchen aus und erzählte der Mutter
im nahen Häuschen von ihrem Erlebnis. Diese nahm den einzigen noch übriggebliebenen Apfel und stieß einen Jubelruf aus;
denn er war aus reinem Golde. Sofort holten sie auch die weg-
geworfenen Goldfrüchte und wurden reiche Leute. Als das
Mädchen erwachsen war, heiratete es einen Ritter und es
herrschte heller Jubel im Regental. Am Hochzeitsmorgen aber
trat ein Fremder herzu, beglückwünschte das Paar herzlich und
drückte der Braut ein goldenes Kränzlein ins Haar. Es war der
Glücksbringer von damals, ein Geist aus Stockenfels.

Jehl 1954

Die Zauberäpfel

In dem westlich von Stockenfels in den Geisterweiher abfallenden Berghang stand ein Apfelbaum, der nur minderwertige
Früchte, sogenannte „Holzäpfel" trug. Eines Tages kamen zwei
größere Buben am Baume vorbei und sahen ihn mit großen,
wunderschönen Äpfeln behangen. Flink kletterten sie hinauf,
um von den reifen Früchten zu stehlen. Noch hatten sie keinen
einzigen der Äpfel berührt, als diese alle wie auf ein Kommando abfielen, den Hang hinunterrollten und dabei zu großen, schwarzen Vögeln wurden, die alsbald spurlos im Geisterweiher verschwanden.

Jehl 1954 / Pöppl / Koch

Das merkwürdige Gasthaus

Schlecht erging es einem Bauern, der spät in der Nacht betrunken vom Wirtshaus in Fischbach heimtorkelte. Ein Irrlicht führte ihn nach Stockenfels, aus dessen Gemäuer deutlich Musikklänge, Gläserklirren und das Rollen von Kegelkugeln drang. Seiner Vermutung nach handelte es sich um eine ihm unbekannte Wirtschaft, und da er unbekannte Gasthäuser weniger liebte als bekannte, beschloß er selbst in dieser Lage seinen Grundsätzen treu zu bleiben und einzukehren. Der Musik und dem Rollen der Kugeln folgend, kam er in den Rittersaal, wo getanzt und gespielt wurde. In der Ecke beim Eingang stand ein leerer Tisch, an den er sich setzte. Als nach längerer Zeit keine Kellnerin auftauchte, beschloß er, sich selbst zu bedienen, aber er konnte weder Schanktisch noch Zapfhahn entdecken. Das alles verärgerte ihn sehr, um so mehr, weil keiner der Anwesenden sich die Mühe machte, seine Fragen zu beantworten, geschweige denn, ihm etwas einzuschenken. Auch der Verweis auf Geld, nachhaltig unterstützt durch das Klimpern von Talern in seiner Hosentasche, fruchtete wenig. Erst die Drohung, im Saal alles kurz und klein zu schlagen, zeigte Erfolg. Einer der Umstehenden berührte mit einem Becher die Wand, aus der eigenartig roter Wein hervorsprudelte, mit dem er das Gefäß füllte und dem Zecher überreichte. Der ging zurück zu seinem Tisch, setzte sich und trank in langen, genußvollen Zügen den köstlichsten Wein, den er je vorgesetzt bekommen hatte. Am nächsten Morgen war er nüchtern und fand sich in der Ruine der Burg Stockenfels wieder. Er ging nach Hause, erzählte die Geschichte und starb noch am selben Tag.

Baldauf

Die Bierpanscher (1)

Den Aufenthalt der Geister bilden untertags die unterirdischen Räume der Burg. Arbeit haben die Geister keine — aber dafür um so mehr Langeweile. Beschäftigt werden nur die Brauer. Auf den Sprossen einer Leiter stehend, die vom Grunde bis zum Rand des Burgbrunnens reicht, müssen sie in einem von Hand zu Hand gehenden Eimer soviel Wasser aus dem Brunnen schöpfen, als sie im Leben über das zulässige Maß dem Biere beigegeben haben. Die Sühne dauert insbesondere bei Großbrauern sehr lange und die Brauer, hauptsächlich die dicken, schwitzen dabei wie nie in ihrem Leben. Aber nachts, — welch ein Gegensatz! Alle Räume sind taghell erleuchtet, überall Jubel, Heiterkeit, Spiel und Tanz. In langen Reihen sitzen die Geister zum festlichen Mahle an den Tischen. Ihre Füße bis zu den Knien in glühenden Kohlen; der Braten, den sie essen, ist in Pech geschmort; die Getränke, ob Bier oder Wein, sind glühend heiß, alles was sie berühren, Löffel, Messer, Gabeln, Becher glüht oder sprüht Feuer; die Eisenkugeln, die sie nach dem Mahle beim Kegelspiel werfen, glühen und ziehen feurige Bahnen zu den glühenden Eisenkegeln.

Wir wissen, daß ein dicker Brauer aus Regensburg, der Podagrawirt aus Haag, eine gute bekannte Kellnerin vom Hofbräuhaus in München, eine Wirtin von Steinweg, die Wirtin von Ebnath, die immer sagte: „hundert Daumen — eine Maß", eine schöne Kellnerin von Regensburg, der Pfleger von Aufhausen, ein richtiger Bauernschinder, und andere bestimmt in Stockenfels sind. Diese Kenntnis verdanken wir aber der Schwatzhaftigkeit einzelner Familienangehörigen derselben und großenteils dem Zufall.

Oberpfälzer Sagenbrunnen 1987

Die Bierpanscher (2)

Wer den Namen Stockenfels hört, denkt unwillkürlich an die Sage von den Bierbrauern und Wirten, die auf diese Burg verbannt sein sollen. Auf Burg Stockenfels müssen allnächtlich um die Geisterstunde all die Brauer, Wirte und Kellner durch harte Arbeit büßen, was sie sich zu Lebzeiten zuschulden kommen ließen.

Da sitzt unten beim Kellerwasser ein geschwänzter und gehörnter junger Teufel und schöpft ein. Auf den Treppenabsätzen und Leitersprossen aufwärts sitzen die Missetäter und reichen die vollen Eimer von Hand zu Hand weiter. Oben aber sitzt der Oberteufel und schüttet die Eimer wieder aus. Daher kommt es auch, daß die Täler zu beiden Seiten der Burg auch im heißesten Sommer nicht trocken werden und die vier Weiher im Tale westlich von Stockenfels stets wasserreich sind. Erst, wenn jeder der Verbannten soviel Wasser geschöpft hat, als er früher ins Bier geschüttet, kann er auf ewige Ruhe rechnen. Auf die Burg Stockenfels sind auch jene Wirte und Kellner verbannt, die ihren Gästen nicht genug eingeschenkt haben oder beim Einschenken den Daumen im Krug ließen.

Jehl / Baldauf

Zu früh gefreut!

In der Nähe von Stockenfels bestellte ein Bauer seinen Acker. Ein Fremder kam vorüber, lobte den fleißigen Mann und gab ihm ein bis zum Rande mit Goldstücken gefülltes Gefäß. Der Bauer lief in seiner Freude heim, erzählte seiner Familie von dem Glücke und fing an, die Goldstücke zu zählen. Diese aber wurden unter seinen Fingern zu häßlichen Fröschen und Kröten, die quakend von dannen hüpften und sich verkrochen. Ein Geist aus Stockenfels hatte sich mit dem Mann nur einen Spaß erlaubt.

Jehl 1954 / Pöppl / Koch

Der ungetreue Pfleger

Ein Pfleger von Nabburg kam für seine Schandtaten nach seinem Tode als Geist auf die Burg Stockenfels. Ein armer Bauer, den der Verstorbene um eine Quittung betrogen hatte und der nun ein zweites Mal zahlen sollte, ging schweren Herzens nach Stockenfels, um sich dort die Quittung zu holen. Er fand den Herrn mit drei anderen am Tische sitzen, die bloßen Füße unter dem Tisch an einem Kessel voll roter Glut und mit glühenden Karten spielend. Der Geist schrieb willig das verlangte Schriftstück und legte es dem Bittenden in den Hut.

Jehl 1954 / Pöppl / Koch

Das verhexte Schwein

Böse Geister fanden sich ehedem im ganzen Lande, so daß die
Leute oft viel Furcht und Schrecken ausstehen mußten. Diese
Geister fürchteten nur geweihte Sachen und Personen. So hatte
einmal eine Bäuerin ihre acht jungen Schweine gefüttert und
sah jedesmal ein neuntes, und zwar ein kohlschwarzes, mitfres-
sen. Sie ließ den Pfarrer holen. Dieser las stundenlang aus einem geweihten alten Buch, bis ihm der Schweiß auf die Stirne
trat. Darüber wurde das fragliche Schwein immer kleiner und
verwandelte sich schließlich in ein kleinwinziges Käferchen.
Dieses sperrte der Geistliche in ein Zündholzschächtelchen und
versiegelte es mit dem Wachse einer geweihten Kerze. Ein junger Bursche wurde beauftragt, das Schächtelchen nach Stok-
kenfels zu bringen und es dort über den Kopf von rückwärts
zum Burgtor hineinzuwerfen. Ausdrücklich war ihm verboten,
das Schächtelchen zu öffnen. Der Bursche machte sich mit dem
gefangenen Geist im Rucksack auf den Weg. Der Rucksack
wurde ihm aber immer schwerer. Schweißtriefend kam der Trä-
ger bei den Weißenhöfen an. Jetzt konnte er seine Neugier
nicht mehr länger bezähmen. Trotz des Verbotes öffnete er das
Schächtelchen und – das Käferchen flog davon. Froh, die unheimliche Sache los zu sein, trat der Bursche den Heimweg an.
Daheim aber fraß schon wieder das neunte, schwarze Schwein
mit den anderen aus dem Futtertrog. Nochmals mußte der
Geistliche gerufen werden; diesmal ging die Beschwörung noch
schwerer. Ein weniger neugieriger Mann brachte das gefangene
Käferlein glücklich nach Stockenfels, warf es ohne umzublik-
ken zum Tore hinein und eilte heimzu. Seitdem wurde das
schwarze Schwein nicht mehr im Stall gesehen.

Jehl 1954 / Pöppl / Koch

Die Geisterkutsche

Auch in den vier Kuchelpfalterweihern am Westfuß des Schloß-
berges schmachten Verbannte. Ein Weib aus Brunn bei Fischbach trug einst das Mittagessen auf den Fluderplatz (= der Anger auf dem rechten Regenufer gegenüber Marienthal), wo ihr
Mann „einmachte", d. h. die Baumstämme mit Wieden und

Klammern zu Flößen verband. Als sie auf dem Nachhauseweg am untersten Weiher vorbeikam, hörte sie in Fischbach 12 Uhr läuten und sah plötzlich eine prächtige Kutsche auf dem Fluderweg (= das tiefe, bächleindurchrauschte Tal westlich der Burg von dem Steg bei den Weihern abwärts bis zum Regen. Der Fußsteig links davon, der von besagtem Steg bis zum Fluderplatz [= Überfahrstelle] führt, heißt Pfadlsteig) daherfahren. In ihr saß ein vornehmer Herr. Die Frau wunderte sich darüber sehr, weil auf dem schlechten Weg nie eine Kutsche fuhr. Ihr Staunen ging aber in Schrecken über, als der Wagen eiligst auf den Weiher zukam und darin versank. Im gleichen Augenblick hörte sie vom Burgturm her einen dumpfen Knall. Die Frau sank vor Schrecken in die Knie, raffte sich auf und eilte von Furcht getrieben heimwärts. Sie erzählte zu Hause den Vorfall und starb bald darauf.

Jehl 1954 / Pöppl / Koch

Auch in Stockenfels kann man das Gruseln lernen. Der rothaarige Scherenschleifer, Jakob von Bärenzell, war schon oben und kann davon erzählen. Er war voller geheimer Künste.

Der schlechte Bauer

Einmal wurde er auf den Hof eines schlimmen Bauern gerufen, der den Sonntag nie geehrt hatte. Nach seinem Tode geisterte er nun im Hof. Nachts drosch er mit dem Flegel auf die leere Tenne und lärmte abscheulich dazu. Niemand wollte dort mehr in Dienst treten. Jakob hatte aber keine Angst. Er ging in den Stadel, griff in die Luft und hatte den Poltergeist beim Kragen. Schnell steckte er ihn in sein Ränzlein. Da hörte er eine flehentliche Stimme: „Trag mich auf Stockenfels!" Der gute Jakob tat das. Oben schüttelte er den Ranzen aus. Eine graue Krähe flatterte heraus und flog gleich zu den Raben und Elstern, die schon aus der Ruine glotzten und nichts anderes waren als verdammte Geister.

Hemrich / Motyka

Die Büßer

Neugierig blieb Jakob hocken und guckte durch ein Türlein. Da sah er an einem Steintisch hohe Herren sitzen, die Füße in Eisenpfannen mit kochendem Pech. Sie mußten büßen, weil sie das arme Volk geschunden und betrogen hatten. Fluchend, lästernd und heulend spielten sie Karten aus glühendem Eisen mit zuckenden, verkohlten Fingern. Einer murrte: „Da schaut uns der Scherenschleifer aus Bärenzell zu. Der soll uns neue Karten holen." Hui, war da der Jakob schnell verschwunden.

Hemrich / Motyka

Der Aufhausener

An einer verfallenen Mauer hörte er kegeln. Die Kugeln rollten wie Donner. Klirrend flogen die Kegel, Feuer und Funken verstiebend. Krächzend schrie ein rußiger Kegelbruder: „He, Schurz von Aufhausen, setz die Kegel auf!" Weiß Gott, was der angefangen hat, daß er den Geistern bis in alle Ewigkeit den Kegelbuben machen muß.

Hemrich / Motyka

Der Wirt von Ried

Noch war des Jakobs Neugier ungestillt. Er schlich zum Burgbrunnen. Hier sah er, geisterblau im Gesicht, den vormaligen Postwirt von Ried. Jakob hatte ihn gut gekannt. Der Spitzbube hatte den Wein gepantscht und Bier mit hohlem, hohen Schaum ausgeschenkt. Jetzt schöpfte er Wasser eimerweise mühsam aus dem tiefen Burgbrunnen, goß es aus und wimmerte: „Falsches Maß, falsches Maß!" Das muß der traurige Schwindler so lange tun, bis das Maß voll ist, um das er seine Gäste betrogen hat. Jetzt zitterte dem Jakob das Herz wie ein Hammelschwanz. Er wollte davonrennen. Doch soviel er rannte, dabei die Knie und Fersen hebend, er kam nicht vom Fleck. Erst als er laut das Kreuzeichen machte, fiel der Zauber wie eine eiserne Kette von seinen Gliedern und er konnte heimgehen.

Hemrich / Motyka

Der verhexte Viehstall

Auf einem Hof im Sünchinger Gäu hatte sich eine Hexe eingenistet und zunächst im Schweinestall Quartier bezogen. Bald darauf mußte der Bauer feststellen, daß die Zuchtln (Muttersauen) nicht mehr trächtig wurden. Da sich dieser Zustand monatelang nicht änderte, holte man einen Kapuziner aus Regensburg, der die Hexe austreiben sollte. Dieser kam, waltete seines geistlichen Amtes und schien zunächst auch Erfolg gehabt zu haben, denn eines Tages tauchte der Bauer mit einer respektablen Spansau im Kloster auf, die er den Patres aus Dankbarkeit verehrte. Schon kurze Zeit später mußte aber der Kapuziner ein zweitesmal geholt werden, weil sich jetzt die Drud in den Schafstall verkrochen hatte, wo sie die alten Hexenkünste aufs neue mit Erfolg praktizierte: keines der Mutterschafe wollte trächtig werden.

Der Pater sprach wieder den bewährten Hexen-Exorzismus und schien auch diesmal zum Ziel gekommen zu sein, denn nach den Kartagen brachte der Bauer ein prächtiges Osterlamperl ins Kloster.

Das wiederum schien zur Folge zu haben, daß die Hexe ihr Domizil im Kuhstall aufschlug, um dort ihre Teufelskünste auch an größeren Tieren zu versuchen. Diesmal brachte aber der Pater noch zwei andere Kapuziner mit, mit denen er daranging, der hartnäckigen Hexe mit kräftigem Latein und viel Weihwasser ein für allemal das Handwerk zu legen. Und wirklich: Kaum hatten sie gemeinsam den bösen Geist aufgefordert, die Stätte seines unheilvollen Wirkens zu verlassen, erhob sich ein starker Sturm, und man sah eine undefinierbare Gestalt aus dem Stall auf-, zum Dach hinaus- und ins Pfatterer Moos hineinfahren.

Seit dieser Zeit hat besagten Bauern kein größeres Unglück mehr getroffen.

Fendl 1977

Die Kröte auf dem Sarg

In Sulzbach/Donau lebte vor der Jahrhundertwende ein reicher Bauer. Er war der Vormund der Witwen und Waisen und mußte deren Vermögen verwalten. Dabei soll er sich auch selbst bereichert haben. Als man bei seiner Beerdigung den Sarg ins Grab hinunterließ, saß auf diesem plötzlich eine Kröte, die so groß wie ein Kinderkopf war. Die Leute sagten, dies wäre die Seele des Toten gewesen. Bald darauf begann es in Sulzbach zu weizen und es kam bald die Zeit, da die Kirschen reif wurden. Die Buben freuten sich schon: „So, eitz is da Baua weg, eitz ki ma Kersch holn." Als sie aber auf die Bäume kletterten, saß dort schon der Bauer. Schnell liefen die Buben wieder weg. Wenn die Leute „afs Haisl" gingen, war auch dort der Bauer. Und überall auf seinen Grundstücken sah man den Bauern weizen.

Da schrieb der Donaustaufer Pfarrer dem Papst in Rom. Dieser sprach über den Bauern den Bann aus. Daraufhin, so erzählten die Leute, ist Ruhe eingekehrt.

Schlicksbier

Das versunkene Schloß

Vor langer Zeit stand in der Nähe des Dorfes Thalmassing ein
Schloß. Darin lebten drei Schwestern, von denen eine blind
war. Außer dem Schloß hatten die drei noch eine Unmenge
Geld von ihren Eltern geerbt.
Während die drei Mädchen das Geld ehrlich untereinander auf-
geteilt hatten, übervorteilten sie bei den Einnahmen, die sie jedes Jahr machten, ihre blinde Mitschwester.
Lange Jahre ging das gut, und die Betrogene merkte nichts. Eines Tages aber kam sie doch hinter den Schwindel. In ihrem
Zorn verfluchte sie das Schloß und seine Bewohner. Und wirklich ging nach einiger Zeit der Fluch in Erfüllung, und das
stolze Bauwerk versank über Nacht in den Boden, so daß man
nie mehr etwas davon gesehen hat. Auch von den drei Schwestern hat man nie mehr etwas gehört.

Fendl 1973

Das Licht bei der Schinderhütte

Früher stand zwischen Thalmassing und Gebelkofen eine alte
Hütte, die Schinderhütte genannt. Es ging von alters her das
Gerücht, daß es dort weize. Manche Leute wollten gesehen ha-
ben, daß des Nachts ein Licht um die Hütte kreise, das dann
plötzlich verschwand.
In den zwanziger Jahren ging einmal am späten Abend ein
Mann auf dem Weg von Regensburg nach Thalmassing heim.
Da sah er ein Licht auf sich zukommen. Er dachte sogleich:
„Das kann nur das Licht sein, von dem die Leute soviel reden."
Also ging er dem hellen Schein über den Acker nach. Das Licht
bewegte sich in Richtung Schinderhütte und war dann plötzlich
verschwunden. Der Mann stand vor einem Rätsel. „Wohin",
dachte er sich, „ist denn nun das Licht verschwunden?" Er wartete noch eine Weile, aber es zeigte sich nichts mehr. So ging er
kopfschüttelnd nach Hause.
(Im Jahre 1944 wurde die Schinderhütte bei einem Bombenan-
griff zerstört. Man erfuhr nie, ob es dort tatsächlich „geweizt"
hat.)

Fendl 1977

Der Goldschatz

Vor vielen, vielen Jahren fuhr um Mitternacht ein Fuhrmann an der Breitwiese vorbei. Da sah er auf ihr einen schimmernden Gluthaufen. Der Fuhrmann dachte, daß es ein Feuer eines Hirten sei, und da er sich gerade seine Pfeife anzünden wollte, stieg er vom Kutschbock, ließ seine Pferde allein weitergehen, nahm ein Stück von der Glut und steckte sie in seine Pfeife. Schnell lief er den Pferden nach. Als er wieder auf dem Wagen saß, merkte er, daß die Pfeife gar keinen richtigen Zug hatte, so steckte er sie wieder ein. Als er zu Hause ankam, fiel aus der Pfeife ein funkelnder Dukaten. Sogleich lief er zurück, um nach dem Feuer zu suchen, aber er fand es nicht mehr.

Motyka 1982

Der habsüchtige Mäher

Der Fuhrmann erzählte eines Tages im Wirtshaus die Geschichte vom „Goldfeuer auf der Breitwiese". Als nun eines Tages ein Bauer dort gerade mähte, sah er das Feuer. Sofort erinnerte er sich an die Erzählung des Fuhrmannes. Voll Habsucht im Herzen ging er auf das Feuer zu, gierig wollte er sich nun einige Stücke der Kohle nehmen, doch wie von unsichtbarer Hand wurde er aufgehoben und zum anderen Ende der Wiese getragen. Als er aufwachte, war er übel zugerichtet und wollte nichts mehr von einem Goldschatz wissen.

Motyka 1982

Der Kohlenschatz

Vor mehr als hundert Jahren ging ein Musikant von einer Kirchweih in Eichhofen nach Undorf, wo er wohnte. Als er auf der sogenannten Breitwiese bei stockdunkler Finsternis dahinschritt, sah er plötzlich vor sich ein altes Schloß, das er zuvor hier nie gesehen hatte. Da erschrak der Musikant, denn er glaubte, daß er einen Irrweg gegangen sei. Als er näher kam, sah er hellerleuchtete Fenster, und darinnen war eine lustige Gesellschaft versammelt. Zögernden Schrittes ging er nun durch das alte Gemäuer, kam durch halbverfallene Gänge bis zu einem großen Saal. Ohne zu zögern trat er ein; da sah er eine vornehme Gesellschaft von Damen und Herren. Als man den Musikanten sah, wurde er mit großem Beifall empfangen. Da die Gesellschaft tanzen wollte, stimmte der Spielmann seine Fiedel und begann darauf zu spielen. Sofort bewegten sich alle Paare zum Tanze, und er sah nur frohgelaunte Gesichter. Nun bemerkte er, daß alle Herren in edler Rüstung waren, während die Damen höfische Kleider trugen. Immer wieder mußte er ihnen aufspielen, und es war, als ob sie nie satt werden würden. Plötzlich ging eine Bewegung durch den Saal, und der Musikant merkte, daß jetzt das Ende dieser seltsamen Veranstaltung gekommen sei. Da trat ein edler Herr auf ihn zu und nahm eine Schaufel voll Kohlen und schüttete sie ihm zum Lohn in seinen Hut. Im gleichen Augenblick war alles verschwunden, und er befand sich im Morgengrauen auf dem richtigen Weg nach Undorf. Ärgerlich sah er die Kohlen in seinem Hut. Doch es war seltsam, die Kohlen wurden immer schwerer. So streute er diesen „Lohn" auf seinem Weg aus, und gesund kam er zu Hause an, wo er sich gleich zum Schlafen niederlegte. Als er am späten Nachmittag aufstand, sah er nach seinem Hut und dachte an das Geschenk der tanzenden Gesellschaft. Da fiel ein Goldstück aus seinem Hut auf den Fußboden. Als er nun das Goldstück sah, erinnerte er sich an die Kohlen. Sofort ging er den Weg zurück, doch von den Kohlen und vom verfallenen Schloß war nichts mehr zu sehen.

Motyka 1982

Der Hund beim Wenedikten

Niemand weiß es mehr genau, war es beim Wenedikt (Benedikt) in Weichseldorf oder in Gessendorf. Da ist hinter der Bodenstiege immer ein schwarzer Pudel gesessen, der hat ganz feurige Augen gehabt. Von niemandem hat sich der Hund anrühren lassen, niemand hat ihn von seinem Platz weglocken können. Keiner hat gewußt, wann er ins Haus gekommen ist, auf einmal war er halt da. Erst ist den Leuten auf dem Wenediktenhof der Hund recht unheimlich vorgekommen, aber mit der Zeit haben sie sich daran gewöhnt. Wie der junge Wenedikt geheiratet hat und eine junge Frau auf den Hof gekommen ist, da konnte sich diese gar nicht an den unheimlichen Hund gewöhnen. Immer hat sie sich vor ihm gefürchtet. Da hat der junge Bauer vom Pfarrer von Duggendorf den Hund ausschaffen lassen, aber es ist ihm nicht gelungen. Auch der Pfarrer von Kallmünz hat es vergeblich versucht. Sogar ein Pater aus Amberg hat es versucht, aber fertiggebracht hat er es auch nicht. Ganz plötzlich ist dann eines Tages der alte Wenedikt gestorben. Da hat der Hund eine glühende Zunge herausgestreckt. Wie der Tote aus dem Haus getragen und aufs Fuhrwerk geladen wurde, da ist plötzlich der Hund mit einem Satz auf den Sarg auf dem Wagen gesprungen und auf einmal war der Hund verschwunden. Die Leute waren alle furchtbar erschrocken. In den Sarg hat sich aber keiner mehr zu schauen getraut. Aber alle waren der Meinung, daß im schwarzen unheimlichen Hund der Teufel gewesen ist und daß er den alten Bauern mitgenommen hat. Seit der Zeit hat sich der Hund im Hause nicht mehr blicken lassen und blieb verschwunden.

Rappl 1956 / Eichenseer

Der reiche Bauer von Weißenkirchen

Früher gehörte die Ortschaft Weißenkirchen einem einzigen Bauern. Dieser brauchte keinen Zehent und keinen Zins zu zahlen und war so frei wie ein Adeliger. Er war reich, aber auch sehr stolz. Als einmal die Ernte besonders gut ausgefallen war, wollte der Bauer eine Statue für das Kirchlein stiften. So gab er seinem Sohn 100 Gulden und schickte ihn nach München, damit er eine Heiligenfigur kaufe. Dem Sohn gefiel es in München sehr gut, und bald hatte er das ganze Geld verzecht und verspielt. Noch dreimal sandte der Bauer seinen Sohn zum Statuenkauf, doch immer verjubelte dieser den Geldbetrag. Nun besorgte der Vater in Regensburg eine Heiligenfigur, sie soll noch heute in der Weißenkirchener Kirche stehen. Als der Vater starb, verspielte der Sohn Haus und Hof, und das Anwesen wurde zerstört. Seit dieser Zeit gibt es mehrere Höfe in Weißenkirchen.

Motyka 1980

Der Müller und die Hexen

In der Johannisnacht sah ein Müller bei Wiesent die Hexen auf
einer Wiese tanzen. Er hieß sie von dannen ziehen. Als sie nicht
gingen, hetzte er seinen Hofhund auf sie. Aber da kam er schön
an. Die Hexen stürzten sich auf das Tier und zerrissen es in
tausend Stücke. Den Müller aber, der nicht schnell genug sein
Haus erreichen konnte, packten sie und fuhren mit ihm durch
die Luft. Bei Prag in Böhmen warfen sie ihn halbtot in ein Ge-
treidefeld. Ein Bauer fand ihn, brachte ihn in seine Wohnung
und verpflegte ihn. Erst nach einem halben Jahr kam der Müller
wieder heim. Er war an Geist und Körper gebrochen und mußte
an einer Krücke gehen.

Sittler 1906

Die Sage vom Kreuzigungsbild in der Schloßkirche zu Wörth (1)

Die Sage gibt es in mehreren Versionen.

In der Martinskirche des Wörther Schlosses hängt ein Kreuzigungsbild. In seiner Inschrifttafel, die über dem Haupte des Erlösers angebracht ist, fehlen die Initialen. An diese Besonderheit knüpft sich folgende Sage:

Vor Zeiten lebte ein Maler, jung, ehrgeizig, ruhmsüchtig, aber mit geringer Begabung für seinen Beruf. Groll und Neid auf andere Künstler wucherten darob in seinem unruhvollen Herzen. Wieder fand er eines Nachts keinen Schlaf, und so eilte er, sein Geschick verwünschend, in den finstern Wald. Da nahte eine unheimliche Gestalt: ein übergroßer Jäger schritt durch das Dunkel daher. „Was ist zu dieser Stund im Tann dein Begehr? Den Hirsch, das Reh zu jagen ist ohne Speer und Bogen, noch ohne Rüden nimmer ein Jäger ausgezogen. Willst du nach Schätzen graben, so vermiß ich das Werkgerät." „Nicht Jagdlust oder Gier nach Gold trieben mich zu solch ungewöhnlicher Stunde heraus. Daß mir, wie anderen Meistern, kein gutes Bild gelingt, daß ich es nicht zu Ruhm, Preis und Ansehen bringe, macht mich ruhelos." „Nun", finster spricht's der Jäger, „die Kunst könnt ich dich lehren, gegen gering Entgelt freilich. Verschreib du mir deine Seele, und du wirst der größte Meister allerwegen sein. Die Seele ist ja nur ein Schatten, flüchtig wie die Luft, und sie vergeht, wenn du hinuntersinkst in die Gruft." „So sei es", entschlossen willigte der junge Ehrgeizling ein, „gelingt mir durch deine Hilfe auch nur ein meisterwürdiges Bild, und ist es vollendet in allen Stücken, so gehört Dir meine Seele, fest will ich's dann verbriefen."

Wirre Gedanken im Kopf, das Gemüt bedrückt wie nach schwerem Traum, ein schales Gefühl der Verlassenheit, so erhob sich der Maler am Morgen nach jener unheilvollen Nacht. Und dennoch: es überkam ihn Schaffensfreude, es drängte ihn zum Malen. Für ein Kloster sollte er schon seit geraumer Zeit den Herrn am Kreuze malen. Doch, was sich der Geist geschaffen, die Hand vermochte es nie zu gestalten. Anders war es nun auf einmal. Ohne Zagen, mit stolzem Mut ging er ans Werk. Und er fühlte es, und bald war es zu sehen: das Bild gelang. Je

näher es aber der Vollendung entgegenging, desto einsilbiger wurde der Maler. Zentnerschwer lagen Angst und Sorge auf seiner Seele. Zuweilen beschlich ihn Verzweiflung. So fand ihn ein Mönch jenes Klosters, das den Auftrag für das Kreuzigungsbild gegeben. Ihm vertraute sich der Unglückselige an. Und der Ordensmann wußte guten Rat: „Laß die Inschrift weg, unvollendet ist dann das Bild, und der Böse hat keine Macht über dich!"
Wie von einem Alp befreit atmete der Maler auf. Und statt Streben nach irdischen Gütern und vergänglichem Ruhm, suchte er des stillen Klosters Frieden.

Schindler

Die Sage vom versetzten Grenzstein

Der Name Schinderbachl kommt vom Schinder, heute würde man Viehverwerter sagen, der in Wichenbach seine Tätigkeit ausübte. Dort, wo das Schinderbachl in die Ebene trat — Autobahnbau und Verlegung der Staatsstraße haben in diesem Bereich gewaltige Veränderungen geschaffen — dort war auf einer Anhöhe der Wörther Galgen. Hier wurden Rechtsbrecher gehängt und verblieben zur Abschreckung für einige Zeit am Galgen. Dies mag nun so manchen nächtlichen Wanderer und späten Heimkehrer in Angst und Schrecken versetzt haben und es entstanden eine Vielzahl von Spuk- und Weizgeschichten. Wenn man einst des Nachts am Galgenberg vorbeikam — die alte Straße von Wörth nach Tiefenthal schlug einen Bogen um ihn — konnte man einen Mann sehen, der einen Grenzstein auf dem Buckel trug und immerzu fragte: „Wo soll ich ihn hintun?" Aber niemand getraute sich, ihm Antwort zu geben. Schauer ergriff jeden und man hatte es sehr eilig, die Spukgegend hinter sich zu bringen.
Einmal kam zu mitternächtlicher Stunde ein junger Handwerksbursche des Weges. Er sah die Gestalt mit dem Markstein und vernahm die Frage: „Wo soll ich ihn denn hintun?" Beherzt gab der nächtliche Wanderer die Antwort: „Wo du ihn genommen hast!" Da warf das Gespenst den Stein weg und rief: „Gott sei Dank, jetzt bin ich erlöst." Der Mann verschwand und ward nimmermehr gesehen. *Fendl 1973 / Schütz / Schindler*

Die feurigen Männer

Von sogenannten feurigen Männern geht die Mär, daß sie an der Donau bei Wörth mit den Fischern oft ihren Schabernack trieben, daß sie sich aber auch sehr hilfsbereit zeigten, wenn man sie rief.

Schütz / Schindler

Der Christusmaler von Wörth (2)

Vor vielen Jahren lebte in Wörth ein Maler, dessen Ehrgeiz größer war als sein Talent. Einmal erhielt er von einem Regensburger Kloster einen sehr ehrenvollen Auftrag: er sollte den gekreuzigten Herrn malen. Der Meister freute sich sehr über diese Aufgabe. Aber als er ans Werk ging, wies das Bild immer wieder andere Fehler auf. Das Gesicht zum Beispiel sah aus, als würde der Heiland lachen.

Da war der Maler sehr bedrückt, so daß er noch zu später Stunde in den Wald ging, um darüber nachzudenken, wie er die schwierige Aufgabe besser lösen könnte. Dort begegnete ihm der Leibhaftige. Der Meister erkannte ihn aber nicht. Der Teufel versprach ihm, daß er ein sehr großer Künstler werde. Aber er wolle seine Seele dafür. Der Maler dachte, die Seele sei ohnedies nur ein Schatten, so daß er auf den Handel einging. Am nächsten Morgen machte er sich mit neuem Eifer an die Arbeit. Aber als das Kunstwerk fast fertig war, wurde er sehr nachdenklich. Er erzählte die Begebenheit dem Abt des Klosters, von dem er den Auftrag erhalten hatte. Dieser riet ihm, er solle die Inschrift weglassen, weil das Bild ja dann noch nicht vollendet sei. Der Meister tat, wie ihm geraten worden war, damit sich der Satan die arme Seele nicht holen konnte.

Der Maler trat später ins Kloster ein und wurde ein frommer Mönch. In späteren Jahren versuchten immer wieder andere Maler, die Inschrift in die leere Tafel einzutragen. Am nächsten Morgen aber war sie jedesmal verschwunden. Heute hängt das Bild in der Wörther Schloßkirche — immer noch ohne Inschrift!

Fendl 1977

Wie die Pestkapelle in Wörth entstanden ist

Vor langer Zeit einmal war im Regensburger Umland die Pest ausgebrochen.
Sie hatte sich schon bis nach Donaustauf ausgebreitet. Deswegen waren die Bürger von Wörth in Angst, daß die Gegend bis zu ihnen verseucht würde. Sie beteten zur Muttergottes, daß sie den Schwarzen Tod nicht weiter vorankommen lassen sollte. Doch die gefürchtete Seuche schlich weiter. Schon war sie bis Bach vorgedrungen. Die Bürger von Wörth bestürmten sämtliche Heiligen, doch die Pest hielt nicht an.
Da hatte ein angesehener Bürger einen Einfall. Er gelobte: „Wir werden eine Kapelle bauen, wenn der Schwarze Tod anhält. Die Steine und anderes Baumaterial werden wir von Regensburg ohne Hilfe von Wagen und Pferd herholen!"
Was niemand geglaubt hatte trat ein: Die Epidemie kam zum Stillstand. Die Wörther Bürger dankten den Heiligen dafür, daß sie doch die Seuche aufgehalten hatten. Sie erinnerten sich auch des Versprechens, daß sie eine Kapelle dafür bauen wollten. Man suchte 25 starke Männer aus, und die trugen die schweren Lasten auf der Schulter von Regensburg nach Wörth. Seitdem steht die Pestkapelle auf dem Herrenberg in Wörth und leuchtet in der Nacht — mit kleinen roten Lichtern ausgeschmückt — auf die Stadt herunter. Sie soll jeden an das einstige Geschehen erinnern.

Fendl 1977

Ein Versprechen in großer Not

Es geschah vor ungefähr fünfhundert Jahren: In Wörth an der Donau wurden zwei junge Burschen in den Hungerturm der Martinsburg geworfen, weil sie keine Frondienste verrichten wollten. Als beide dem Hungertod nahe waren, schworen sie in ihrer Verzweiflung, eine Kapelle zu bauen, wenn sie wieder freikämen. Sie hatten Glück. Der Landesherr begnadigte sie auf Bittbriefe und Drängen der Verwandten.
Nun mußten sie ihr Versprechen einhalten. Bald schon bauten sie mit eigenen Händen mühsam ein Kirchlein in der Nähe der Burg auf. Noch heute ist diese Kapelle ein sehr beliebter Wallfahrtsort.

Fendl 1977

Das verfluchte Hammerwerk von Wolflier

Vor langer Zeit war der Weiler Wolflier noch ein großes Dorf, dessen Bewohner in dem nahen Hammerwerke lohnende Arbeit fanden. Das stand drunten im Tale zwischen dem Dorfe Hohenschambach und Wolflier, wo ein starker Bach plätschernd in einem von Felsen übersäten Bette dahinfloß. Da wurden Geräte, die man in der Wirtschaft brauchte, Rüstungen und Waffen aller Art angefertigt. Die Leute kamen von weither und brachten die Waren in die Fremde. Der Hammerherr wurde ein reicher Mann; aber wie sein Reichtum zunahm, wuchs auch sein Stolz und es schwand ihm das Gefühl für das Leid seiner Mitmenschen.

In einer Winternacht brauste ein Sturmwind durch das Tal, daß sich die Fichten und Tannen des Waldes bogen wie Gerten. Dazu warf es eine Menge Schnee herunter und es hatte eine so eisige Kälte, daß sich die Hammerknechte kaum an der Esse erwärmen konnten. Draußen am Wege aber stand ein armer, alter Wandersmann, der sich vergangen hatte und kaum mehr weiter konnte vor Hunger und Mattigkeit. Als er das Licht im Hammerwerke sah, stapfte er, seine letzte Kraft zusammennehmend, auf dieses zu, pochte am Tore und bat um Nachtquartier. Die Knechte ließen ihn ein; doch der Hammerherr begann zu fluchen und zu schimpfen und jagte ihn wieder hinaus ins wilde Wetter. Der Bettler schleppte sich noch einige Schritte weit vom Hause und brach dann todesmatt zusammen. Dem Hammerherrn aber rief er noch zu: „Verflucht sollst du sein samt deinem Werke, versinken soll das Wasser, das es treibt, auf daß du arm wirst und fühlen lernst die Not deiner Mitmenschen!"

Darauf starb er. Der Sturm raste weiter und bald bedeckte tiefer Schnee den Toten. Am andern Morgen aber stand das Hammerwerk still, denn das Wasser des Baches war versiegt und leer das Rinnsal. Noch im selben Jahre zog der Hammerherr fort, einem ungewissen Schicksal entgegen, weil der Bach nicht wieder kam.

Im Tale aber kann man noch weit das Bett des einstigen Baches verfolgen, das sich zur Zeit der Schneeschmelze mit Wasser füllt. In heiligen Nächten hört man dort das Pochen schwerer Hämmer. *Rammelmaier 1930 / Hagen / Posset*

Die Weiße Frau von Wolfsegg

Ein kurzes Kapitel muß auch „Der Weißen Frau von Wolfsegg" gewidmet werden. Zeitungen, Zeitschriften, Illustrierte, Rundfunk und Fernsehen haben schon über diese „Erscheinung" berichtet; Parapsychologen und Medien haben Aussagen darüber gemacht, doch läßt sich nicht mit Bestimmtheit sagen, ob vielleicht unbekannte Mächte und Energien, wie es ein Medium ausdrückt, in diesen Mauern gebannt sind oder alles nur auf Autosuggestion beruht.

Zunächst wäre die Frage zu stellen, was kann man geschichtlich nachweisen? Hier muß man allerdings manchen „Schwärmer" enttäuschen, denn die Urkunden weisen auf keinen Mord hin. Was erzählt nun die Sage, so könnte man fragen! Als die Herren von Laber die Burg Wolfsegg besaßen, hatte sich die Frau des Laberers in ein Intrigenspiel eingelassen, denn auf Wunsch ihres Gatten sollte sie seinen Gegner umgarnen, doch die Frau verliebte sich in ihn und als ihr Gatte davon erfuhr, tötete er sie und ihren Liebhaber vor Eifersucht. Ein Medium dagegen sagt, daß gedungene Mörder diese schreckliche Tat vollbrachten. Dieser Mord soll im „Gobelinzimmer" geschehen sein.

Diese „Sage" ließ manchen keine Ruhe und so begann zunächst 1969 der Parapsychologe Hans Holzer aus New York dieses „Phänomen" zu untersuchen. Mit Tonbandgeräten, Infrarotkameras und anderen Geräten ausgerüstet und mit den Medien Edith Riedl aus Wien und Marianne Elco aus den USA begann Holzer seine „Forschungen". Frau Riedl unternahm zunächst allein einen Rundgang durch die Räume und als sie zurückkehrte erklärte sie Herrn Holzer, daß in einem Raum „etwas Ungeheuerliches vorgekommen sei, dort wurde ein Mord geplant und ausgeführt".

Nun wurde das Medium in Trance versetzt und die Frage lautete: „Was sehen sie?" Wörtlich sagte das Medium: „Ich sehe, wie sich der Raum mit Männern in mittelalterlicher Kleidung füllt, unter ihnen fällt mir einer besonders auf, vor dem würde ich mich fürchten. Er hat stechende Augen und einen Spitzbart."

Hans Holzer stellt die Frage: „Sehen sie eine Frau?" Die Antwort lautete: „Ja, jetzt sehe ich eine. Sie will sich nicht zu erkennen geben, besonders nicht in diesem Raum, in dem ihr Leben durch Mord endete und das des Mannes dazu, den sie umgarnen sollte." Nach weiteren Fragen erfolgte die Erzählung der obenerwähnten Geschichte. Holzer meint nach der Befragung, daß eine Art magnetisches Schwerefeld hier existiere. Er glaubt, wenn ein Mensch durch jähen Tod aus dem Leben gerissen wurde, durch Unfall oder Mord, so kann es sein, daß das Schwerefeld des Verstorbenen noch Jahrhunderte auf der Erde bleibt. Wörtlich sagte er: „Das Wesen ist sich gleichsam seines Todes nicht bewußt."

Die „Weiße Frau" ist die bekannteste Spukgestalt Bayerns. Man unterscheidet drei Arten: 1. Die böse Frau, 2. die Ahnfrau, 3. die arme Frau. Diese Frauen fanden nach dem Volksglauben keine Ruhe, weil sie wegen irgendeiner Tat auf der Erde zum „Umgehen" verdammt sind. In Bayern nennt man dieses „Umgehen" weizen.

Im Jahre 1976 meldete sich bei Herrn Hummel, Wolfsegg, eine Frau, die behauptete, daß sie spüre, daß in dieser Burg etwas Ungewöhnliches sei. Es wurde nun eine Sitzung anberaumt, bei der mehrere Personen und auch der Verfasser dieses Buches anwesend waren. Frau Wierl, aus der Umgebung von München stammend, sagte auf Befragen, daß sie immer magnetische Felder spüre. Als sie das „Weizzimmer" betrat, wies sie auf die vermeintliche Mordstelle hin und erklärte: „Ja, hier wurde sie umgebracht." Als sie dann den Waffensaal betrat, sprach sie noch von einem weiteren Mord, der auf der Burg Wolfsegg geschehen sein soll. Während bei Holzer beide Morde in ein Zimmer verlegt sind (Gobelinzimmer), trennt Frau Wierl die Orte des Geschehens. Sämtliche Gespräche wurden auf Tonband aufgenommen. Ferner beschrieb sie, wie diese unglückliche Frau aus der Burg geschafft wurde. Im Burghof, dort wo der Turm stand, zeigt sie auf eine Stelle, wo diese Frau hingelegt, eingemauert oder vergraben worden sein soll.

Der verstorbene Besitzer der Burg, Georg Rauchenberger, schrieb in dem Büchlein „Oberpfälzer Burgen" über die „Weiße Frau" von Wolfsegg: „Ist sie die schöne Unbekannte (er meint hier ein Bild), um die die Sage von der ‚Weißen Frau auf Wolfsegg' sich spinnt?, die heute noch, nach Jahrhunderten, irdische Ziele sucht, wenn sie hin und wieder als astrales Leuch-

ten durch die dämmerigen Räume der Burg hetzt und schließlich in der ‚Weizkammer' zerfließt."
Vielleicht gilt hier der Ausspruch Shakespeares im Hamlet: „Es gibt mehr Dinge im Himmel und auf der Erden, als Eure Schulweisheit sich träumen läßt."

Motyka 1978

Das Totengebein im Butterfaß

Vor ungefähr fünfzig Jahren ereignete sich in Wolkering eine seltsame Geschichte. Ein Wagner, der nebenbei eine kleine Landwirtschaft betrieb, hatte ein eigenartiges Erlebnis. Er wollte Butter „ausrühren", aber er konnte den ganzen Tag rühren, der Rahm im Butterfaß veränderte sich nicht. Die Leute sagten dem Bauern, daß die Kühe oder die Milch verhext sein müßten. Daraufhin suchte der Bauer einen auf, der sich auf die Wahrsagerei verstand, und befragte ihn, was er machen solle. Der Wahrsager antwortete dem Bauern, er müsse um Mitternacht auf den Friedhof gehen und Totengebeine ausgraben. Diese sollte er unter den Rahm rühren, dann würde er bestimmt Butter bekommen. Der Bauer tat das, stellte jedoch fest, daß sich die Masse schwarz färbte und doch keine Butter wurde. Nach diesem Geschehen verkaufte der Bauer seine Kühe, stellte sich einige Ziegen in den Stall und konnte nun wieder buttern.

Fendl 1977

Der reiche Friedl

Vor alten Zeiten lebte einst ein überaus reicher Mann in Zaitzkofen. Bauer war er, und er hatte den Königshof (Wirtshof)
und das Wirtshaus inne. „Hoftaferner zu Zaitzkofen" nannte er
sich offiziell, wurde aber wegen seines Reichtums allgemein der
reiche Friedl genannt. Er war so reich, daß er gar manche Geräte und Werkzeuge, die er zur Feldarbeit brauchte, aus Gold
und Silber machen ließ, während sich alle anderen mit Eisen
oder gar mit Holz begnügen mußten. So fuhr er z. B. mit einem
„silbernen Wagensou" aufs Feld. Trotz seines Reichtums aber
mußte er auch sterben, obwohl er soviel gehabt hatte, um hundert Jahre leben zu können. Er fühlte, daß der unerbittliche
Tod kommen wollte, um ihn mitzunehmen. Schon schlich er
sich um das Haus herum. Da fürchtete der reiche Friedl, daß
andere Menschen, daß seine Kinder, die Verwandten und Be-
kannten ihm alle Reichtümer wegnehmen würden, die er im
Laufe der Jahre in seinen Kästen und Truhen gesammelt hatte.
Er nahm, obwohl er schon vom Tode gezeichnet war, eine
Hacke und eine Schaufel, grub ein großes Loch, darin er alles
Gold und Silber und was er sonst an Kostbarkeiten hatte, ver-
barg. Kleine Steine und Erde schüttete er über den vergrabenen
Schatz und legte zuoberst einen mächtigen Stein, damit niemand ahnen konnte, daß hier ein gar köstlicher Schatz verborgen liege, der den Finder so reich gemacht hätte wie alle Bauern
in der Umgebung zusammen.
Der reiche Friedl starb und wurde begraben. Bis vor kurzem
konnte man seinen Grabstein noch an der Kirchenmauer sehen.
Den Stein aber, unter welchem der reiche Friedl seine Schätze
vergraben hatte, kann niemand mehr finden. In stürmischen
Nächten aber ist schon oft ein großer schwarzer Hund gesehen
worden. Dieser Höllenhund lief um den Wirtshof herum und
seine Augen funkelten wie glühende Eisen und waren so groß
wie ein Salzbüchserl. Er bellte nie, rasselte aber heftig mit der
schweren Kette, die er um den Hals trug.
Und ein andermal, so erzählte die alte Märklin, als sie allein zu
Hause gewesen war, ist plötzlich ein großer Mann im grünen
Rock vor ihr gestanden und habe gesagt, sie solle mit ihm in
den Keller gehen. Es sei an einem Nachmittag zwischen zwei

und drei Uhr gewesen. Aber sie habe sich gefürchtet und sei wieder rückwärts hinausgegangen. Die alte Märklin (Wirtsfrau um 1720) hat dies alles ihrem Mann erzählt, als dieser abends vom Feld hereinkam. Der seinerseits glaubte fest, der grüne Unbekannte sei der reiche Friedl gewesen, der ihr das Geld und die Schätze zeigen wollte, die im Keller des Wirtshofes vergraben liegen.

Um 1720 wohnte Benefiziat Kinlmeyer im Königshof zu Zaitzkofen. Er hatte verschiedene Schulkinder in Kost. Darunter befand sich auch die Tochter des Schnitzlmüllers, nachmalige Baderin von Mallersdorf und Mutter des damaligen Verwalters. Als diese einmal für Hochwürden in den Keller ging, um Bier zu holen, habe sie einen großen Haufen glühender Kohlen gesehen. Atemlos sei sie die Kellertreppe hinaufgeeilt und habe Herrn Hochwürden von ihrem schrecklichen Erlebnis berichtet. Als sie aber hernach mit Herrn Hochwürden wieder in den Keller hinabgegangen sei, seien die glühenden Kohlen verschwunden gewesen.

Der Schatz des reichen Friedl ist bis heute nicht gefunden worden. Der reiche Friedl aber muß bis zum jüngsten Tage warten und wird keine Ruhe finden im Grabe, weil er seine Reichtümer im Leben nicht gut verwendet hat zum Wohle seiner Mitmenschen.

Fleischmann

Das Glockenläuten

Vor etwa hundert Jahren marschierte ein Bauer von Eggmühl nach Pinkofen. Als er den Eingang des Dorfes Zaitzkofen erreicht hatte, hörte er auf einem Baume viele Glocken läuten. Lange Zeit lauschte der erschrockene Bauer diesem geheimnisvollen Läuten. Plötzlich flackerte vor ihm ein Lichtlein auf, umtanzte ihn eine Zeitlang und ließ sich schließlich auf seinem eigenen Felde nieder.

Kurze Zeit später veranlaßte der Bauer, daß an dieser Stelle ein Feldkreuz errichtet wurde.

Fleischmann

169

Der geheimnisvolle Hund

Einst ging einmal ein Mann von Klein-Zaitzkofen nach Pfaffenberg. Da lief ihm ein großer schwarzer Hund nach. Das kam dem Mann unheimlich vor. Er überschritt absichtlich den Bründlbach beim Salzberger. An dieser Stelle befand sich ein kleines Stauwerk. Er benützte dazu das über den Bach gelegte Brett. Den Hund ließ er neben sich durch das Wasser schwimmen. Dabei dachte er sich: „Wenn der Hund ein Plätscherl macht, dann ist er ein wirklicher Hund. Macht er aber keines, dann ist er ein Geist." Und siehe da: Der Hund schwamm ohne Plätschern hinüber. Jetzt wußte der Mann, daß der Hund ein Werk des Teufels war. Kurz darauf verschwand der rabenschwarze Spuk auf unerklärliche Weise.

Fleischmann

Der Teufel im Hohlweg

Ein betrunkener Bauer aus Zaitzkofen ging eines Nachts von Pinkofen nach Zaitzkofen durch den etwa einen Kilometer langen Hohlweg. Plötzlich sah er oben auf der Böschung einen schwarzen Hund mit feurigen Augen sitzen. Als sich der Betrunkene unten vorbeischleichen wollte, sprang der Hund herunter und verfolgte ihn.
Der Hund, der auf zwei Beinen lief, versuchte dem Bauern immer wieder eine Kette um den Hals zu werfen, aber jedesmal traf er nur den Rücken. Der Bauer lief immer schneller, um dem Bösen zu entkommen. Völlig erschöpft erreichte er schließlich seinen Hof. Dort brach er im Hausgang zusammen. Als man am nächsten Morgen den zerschlagenen Rücken sah, erkannte man, daß ihn der Teufel zu Tode geschunden hatte.

Fendl 1977

Die feurigen Männer von Zaitzkofen

Von Zaitzkofen aus ging einmal ein feuriger Mann die Ochsenstraße hinunter bis zur Abzweigung nach Inkofen. Dort wurden es auf einmal zwei und dann drei Männer. Der eine ging zurück nach Zaitzkofen, der zweite nach Pfakofen und der dritte nach Inkofen. Wer einem der drei begegnete, verschwand auf der Stelle vom Erdboden.

Fendl 1977

A. SCHRIFTLICHE QUELLEN

Fendl, Josef, Sagen aus dem Südosten des Landkreises Regensburg, Neutraubling 1973

Fendl, Josef, 1200 Jahre Pfatter, Pfatter 1974

Fendl, Josef, Sagen und Schwänke aus dem Regensburger Südosten, Neutraubling 1977

Festschrift der Gemeinde Wiesent, Wiesent 1980

Forster, Fritz, Nachlaß, Heuweg, † 1983

Hausladen, Thomas, Geschichte der katholischen Pfarrei Wiesent und der Herrschaften Wiesent und Heilsberg, Wiesent 1894

Hemrich, Hans, Immer ist das Schicksal dem Menschen die Heimat, Altenthann 1977

Hemrich, Hans, Nachlaß, Altenthann, † 1987

Jehl, Alois, Rund um den Jugenberg, Verlag Laßleben, Kallmünz 1954

Knauer, Alois, Ortsgeschichte von Kallmünz, Verlag Laßleben, Kallmünz 1961

Motyka, Gustl, Burg und Dorf Wolfsegg, Verlag Laßleben, Kallmünz 1978

Motyka, Gustl, Markt Laaber — Vergangenheit und Gegenwart, Laaber 1980

Motyka, Gustl, Nittendorf — von den Hofmarken zur Großgemeinde, Mainburg 1982

Motyka, Gustl, Pentling — Gemeinde mit großer Vergangenheit, Pentling 1987

Motyka, Gustl, Sinzing — von den Hofmarken und Edelsitzen zur Großgemeinde, Sinzing 1987

Müller, Johann Nepomuk, Chronik der Stadt Hemau, Hemau 1861

Oberpfälzer Sagenbrunnen in Regenstauf, Regenstauf 1987

Panzer, Friedrich, Bayerische Sagen und Bräuche: Beiträge zur deutschen Mythologie, Band 2, München 1848

Peuckert, Will-Erich, Denkmäler deutscher Volksdichtung; „Bayerische Sagen und Bräuche", Band 2, Göttingen 1954

Prestel, Irmgard, Bayerischer Sagenhort „Oberpfälzer Sagen", Heft 8, München 1929

Rammelmaier, Otto, Heimatbuch des Laberjuragaues und seiner Randbezirke, Hemau 1930

Rappl, Josef, Für d'Sitzweil, Schwandorf 1956

Schönwerth, Franz, Sitten und Sagen, Augsburg 1869

Sittler, Nikolaus, Sagen und Legenden der Oberpfalz, Regensburg 1906

Spörer, Friedrich, Heimatgeschichtlicher Führer durch den Kreis Parsberg in der Oberpfalz, Hohenburg 1949

Stangl, Karl, Im Laberjura, Weiden 1960

Watzlik, Hans, Seltsame Begebenheiten aus alter Zeit, Verlag Laßleben, Kallmünz 1962

Wörth — Stadt zwischen Strom und Berg, Wörth 1979

B. MÜNDLICHE QUELLEN

Baldauf, Fritz (Regenstauf)

Baumgärtner-Demmel, Gerlinde (Pfatter)

Berger, Johannes (Sünching)

Bornschlegl, Peter (Zeitlarn)

Donauer, Renate (Beratzhausen)

Dürr, Maria (Kallmünz)

Eichenseer, Otto (Kallmünz)

Eichenseher, Sabine (Beratzhausen)

Fendl, Josef (Neutraubling)

Fleischmann, Hans (Eggmühl)

Frohschammer, Wilhelm (Brennberg)

Giesl, Hans (Deuerling)

Göstl, Rainer (Deuerling)

Grötsch, Franz Xaver (Schierling)

Häusler, Hans (Wiesent)

Hagen, Eugen (Hemau)

Heimerl, Franz (Undorf)

Hemrich, Hans (Altenthann)

Holzer, Georg (Schierling)

Jehl, Alois (Stefling)

Kerscher, Franz (Wiesent)

Klier, Gerhard (Pentling)

Koch, Juliane (Ramspau)

Leukam, Walter (Wörth-Zinzendorf)
Lotter, Hans (Deuerling)
Müller, Hans (Beratzhausen)
Muggenthaler, Bruno (Oberpfraundorf)
Obermeier, Manfred (Pfatter)
Pöppl, Ines (Ramspau)
Posset, Dieter (Hemau)
Putzke, Giselher (Beratzhausen)
Rindfleisch, Karl (Laufenthal)
Rohr, Wolfgang (Lappersdorf)
Schindler, Ludwig (Wörth a. d. Donau)
Schlegl, Georg (Pfatter)
Schlicksbier, Anton (Altenthann)
Schütz, Ottilie (Wörth a. d. Donau)
Schuier, Franz (Mintraching)
Seidl, Arthur (Altenthann)
Sperl, Eugen (Mintraching)
Staudigl, Christian (Beratzhausen)
Stelzer, Friedmar (Lappersdorf)
Volksschule Steinsberg
Wallantin, Stefan (Beratzhausen)

185

INHALT